Dieu le Père
«qui est aux cieux»

Vers le IIIe millénaire
10 célébrations

Jean-Yves Garneau

MÉDIASPAUL

Médiaspaul est bénéficiaire des programmes d'aide à l'édition du Conseil des Arts du Canada et de la Société de développement des entreprises culturelles du Québec (SODEC).

Données de catalogage avant publication (Canada)

Garneau, Jean-Yves

Dieu le Père, qui est aux cieux: vers le IIIe millénaire: 10 célébrations

Comprend un index.

ISBN 2-89420-128-1

1. Dieu — Livres de prières et dévotions français. 2. Dieu — Méditations 3. Dieu — Amour — Méditations. 4. Charité. 5. Actions liturgiques. I. Titre.

BT102.G37 1998 242'.72 C98-940590-7

Composition et mise en page: *Médiaspaul*

Illustration de la couverture: *Dieu, créateur de l'univers.* Loges de Raffaello, Vatican.
© Famiglia Cristiana, Milan.

Maquette de la couverture: *Summum*

ISBN 2-89420-128-1

Dépôt légal — 2e trimestre 1998
Bibliothèque nationale du Québec
Bibliothèque nationale du Canada

3965, boul. Henri-Bourassa Est
Montréal, QC, H1H 1L1 (Canada)

Médiaspaul
8, rue Madame
75006 Paris (France)

Présentation

Nous voici déjà rendus à la troisième et dernière année de préparation à l'arrivée de l'an 2000. Le terme vers lequel nous nous acheminons est pratiquement à notre porte; ce qui est une raison pour nous appliquer avec une plus grande ferveur à endimancher nos cœurs en vue du Grand Jubilé.

En réponse à l'invitation lancée à l'Église universelle par Jean-Paul II, notre première année de préparation nous a conduits à réfléchir sur le Christ, unique sauveur du monde. La seconde a été consacrée à l'Esprit Saint. Les diverses suggestions de célébrations de la Parole que nous avons alors proposées visaient à favoriser une redécouverte de la présence et de l'action de l'Esprit en nous, dans l'Église et dans le monde.

L'année qui s'ouvre maintenant devant nous nous conduira pour ainsi dire à la source, c'est-à-dire à la contemplation de ce Dieu que nous appelons Père: Père qui a créé le ciel et la terre, qui a envoyé son Fils auprès de nous et qui nous donne l'Esprit.

En présentant cette troisième année préparatoire à l'an 2000, le pape souhaite que toute la vie chrétienne soit considérée «comme un grand pèlerinage vers la maison du Père, dont on retrouve chaque jour l'amour inconditionnel pour toutes les créatures humaines, et en particulier pour le "fils perdu"» (Lettre apostolique *Tertio millennio adveniente*, n° 49). Pour cette raison, il la voit comme une année de «conversion authentique» amenant l'Église, ainsi que tous ses membres, à vivre davantage dans une charité qui la conduira à mettre plus résolument en pratique son «option préférentielle pour les pauvres et les exclus» (*id.*, n° 50);

option qui se doit d'être celle de l'Église parce qu'elle est celle du Père et fut celle du Fils.

Ainsi l'an 2000 pourra-t-il être l'année qui suscitera une profonde espérance dans l'Église et dans le monde, et qui marquera un nouveau départ en vue de la construction d'une civilisation autre et meilleure: civilisation plus humaine parce que plus chrétienne, mais aussi plus chrétienne parce que plus humaine; «civilisation de l'amour, fondée sur les valeurs universelles de paix, de solidarité, de justice et de liberté, qui trouvent dans le Christ leur plein accomplissement» (*id.*, n° 53) et leur source dans l'amour divin d'un Dieu qui est Père.

Une fois passé ce cap, puissions-nous arriver au port — l'an 2000 — le cœur disposé à «glorifier la Trinité» durant toute une année «intensément eucharistique» (*id.*, n° 55).

Notes
pour la mise en œuvre des célébrations

1. Dix célébrations sont offertes. On pensera spontanément à les étaler tout au long de l'année.

   Le rythme d'une fois le mois, en faisant relâche durant l'été, vient naturellement à l'esprit.

2. Ces célébrations doivent évidemment être adaptées aux assemblées qui les utiliseront.

   La première tâche qui incombera aux animateurs sera de *déterminer le temps* que l'on entend consacrer à chaque rencontre de prière: quarante-cinq minutes? une heure?

   Si on trouve la matière *trop abondante*, il sera facile de la réduire. Quelques intentions de prière, quelques couplets de chants de moins, des temps de silence un peu plus brefs, et ce sera fait. Il est également possible de supprimer les textes d'auteurs contemporains que nous avons insérés dans toutes les célébrations.

   Par contre, si on juge que les suggestions sont *trop brèves* — ce qui nous étonnerait —, on ne devrait avoir aucune difficulté à *ajouter* quelques intentions de prières qui tiennent particulièrement compte de la situation des personnes rassemblées et de ce qu'elles vivent. On peut aussi inviter les membres de l'assemblée à proposer eux-mêmes des intentions de prière. Il est également facile d'ajouter ici ou là quelques couplets de chants ou de *prolonger* les temps de silence.

3. On *évitera cependant de trop réduire les temps de silence*. Nous les avons voulus nombreux, convaincu qu'ils sont indispensables pour faire naître et grandir la prière du cœur. Ils demandent cependant à *être adaptés* à chaque assemblée. Trop de silence peut susciter l'ennui et l'évasion. Trop peu risque de laisser les participants sur leur faim d'intériorité.

   Certaines communautés sont, plus que d'autres, préparées à entrer dans le silence et à le vivre intensément. Il faut en tenir compte. Il faut également veiller à *faire progresser dans la voie du silence* ces communautés qui n'ont pas été habituées à se recueillir plus de dix ou vingt secondes.

4. La personne qui présidera ou dirigera les célébrations sera attentive à la *façon de s'exprimer*.

   Les formules qui utilisent le «vous» sont réservées aux ministres ordonnés (prêtres et diacres): Le Seigneur soit avec *vous*... Que Dieu tout-puissant *vous* bénisse...

   Les autres ministres emploient le «nous»: Que le Seigneur *nous* donne la grâce et la paix. — Béni soit Dieu maintenant et toujours.

   Le plus souvent, nous proposons des formules au *nous*. Le président qui le désire pourra aisément utiliser le *vous* et, à la fin des célébrations, il pourra étendre la main sur l'assemblée pour tracer sur elle le signe de la croix.

5. Concernant le choix des chants, des acclamations, des répons et des invocations, nous renvoyons à quelques sources que nous croyons aisément accessibles:

   — Les fiches de chants (SEFIM),

   — *Livret des fidèles*, Commission de Liturgie de Montréal et Éditions Tardy (diffusion Fides), 1966,

   — Recueils ALPEC: *Iesous Ahatonnia*; *Ton chant, notre fête!*,

   — *Chants notés* — Sélection pour assemblées chrétiennes, coéd. Cerf/Chalet/Levain/Seuil, tomes 1-6,

— *Hymnes notées*, Sélection pour chanter les hymnes de «Prière du temps présent», Levain, 1982, tome 1,

— *Missel noté de l'assemblée*, coéd. Brepols/Cerf/Chalet/Levain, 1990, Saint-Paul, (nouvelle édition) 1996,

— *Livre du psalmiste* — Document *Église qui chante*, n° 5. Supplément à *Église qui chante*, 160, 5e édition, 1977,

— Revue *Choristes*, mai 1986, nos 82-83,

— Commission Francophone Cistercienne, *Louanges & Intercessions*, Saint-Paul, 1996.

Sigles utilisés

CFC	Commission Francophone Cistercienne, *Louanges & Intercessions*
CN	*Chants notés*
HN	*Hymnes notées*
LDP	*Livre du psalmiste*
LR	*Livret des fidèles*
MNA	*Missel noté de l'assemblée*

Son nom est «Père»

I. Ouverture

1. Salutation

Conscients de la beauté du geste que nous accomplissons, traçons sur nous le signe de la croix. Au nom du Père...

Le Père, le Fils, l'Esprit Saint: trois personnes, un seul Dieu. Cette affirmation nous dépasse, mais elle nous a été révélée. Nous l'accueillons dans la foi, heureux de savoir que nous pouvons nous tourner vers le Père et le prier, que nous pouvons accueillir le Christ et devenir membres de son corps. Heureux de savoir aussi qu'existe l'Esprit Saint dont la mission première est de nous faire communier à la vie du Père et à celle du Fils.

Au début de notre célébration, reconnaissons l'existence du Père qui est un être d'amour et de fidélité, du Christ qui est notre unique sauveur, et de l'Esprit Saint, souffle de Dieu en nous, dans l'Église et sur le monde.

2. Chant d'ouverture

JÉSUS CHRIST AU CŒUR DE NOTRE HISTOIRE (T. & M.: S. Madeleine Dubé, o.p., Les Éditions du Cénacle, 1997)

Couplets:

Année 1999: 7 Dieu plein d'amour et de fidélité, tout notre être s'incline en ta présence...

Année 1997: 1 Dieu a voulu nous dire son amour; par son Fils bien-aimé, il s'est fait proche...

Année 1998: 7 Viens, Esprit Saint, inspire à notre cœur des paroles et des hymnes de louange...

PÈRE DU PREMIER MOT (P 81; HN 1 p. 183)

Ô PÈRE DES SIÈCLES ET DU MONDE (P 72-3b; MNA 72.13)

SANS FIN, SEIGNEUR (P 200)

BÉNI SOIT DIEU (Cantique de Tobie — AT 5) (X 57; MNA 33.34)

3. Prière d'ouverture

Trinité sainte,
Dieu qui es Père, Fils et Esprit Saint,
nous confessons que de toi viennent la vie
et la beauté du monde
et qu'en toi réside la source de tout amour et de toute joie.
Rien n'existe hors de toi
et tout ce qui existe est issu de toi.
Donne-nous de reconnaître ta présence
et de t'accueillir au plus profond de notre être;
ne permets pas que nous nous éloignions de toi
et aide-nous à demeurer à ton service,
dès maintenant et pour les siècles des siècles.

Invitation à s'asseoir.

II. Première partie: Le Dieu de l'Ancien Testament

4. Introduction à la première lecture

Dieu est Père, Fils et Esprit Saint. Nous l'affirmons sans hésitation et, pour nous, cette affirmation paraît toute naturelle. Que d'hommes et de femmes cependant, partout sur terre, ne connaissent ni le Père, ni le Fils, ni l'Esprit Saint. À peine saventils, à peine osent-ils penser qu'il y a un Dieu.

Mais, pour eux, qui est-il au juste ce Dieu qu'ils cherchent ou qu'ils ont déjà commencé à trouver? Quel est son nom? A-t-il un visage? Ils ne savent pas toujours répondre à ces questions, car ce qui a été révélé de Dieu dans les livres anciens de la Bible n'est pas encore parvenu à leurs oreilles, et ce que le Christ a dit de lui, ils n'en ont jamais entendu parler. Ce qui n'est pas notre cas. Nous sommes en effet de ceux et celles qui ont entendu et accueilli le message de l'Écriture; nous sommes de ceux qui y ont cru. C'est une grâce, c'est un immense bienfait de Dieu à notre égard, c'est une générosité de sa part pour lesquels jamais nous ne saurons assez remercier et rendre grâce.

Voyons donc comment Dieu s'est peu à peu révélé à ses créatures, qui sont ses bien-aimés. Rappelons-nous tout d'abord comment il s'est fait connaître à Moïse.

5. *Lecture*

EXODE 3, 1-6

Moïse faisait paître le petit bétail de Jéthro,
son beau-père, prêtre de Madiân;
il l'emmena par-delà le désert
et parvint à la montagne de Dieu, l'Horeb.
L'Ange de Yahvé lui apparut, dans une flamme de feu,
du milieu d'un buisson.
Moïse regarda:
le buisson était embrasé mais le buisson ne se consumait pas.
Moïse dit:
«Je vais faire un détour pour voir cet étrange spectacle,
et pourquoi le buisson ne se consume pas.»
Yahvé vit qu'il faisait un détour pour voir,
et Dieu l'appela du milieu du buisson:
«Moïse, Moïse», dit-il,
et il répondit: «Me voici.»
Il dit:
«N'approche pas d'ici, retire tes sandales de tes pieds,

car le lieu où tu te tiens est une terre sainte.»
Et il dit:
«Je suis le Dieu de tes pères,
le Dieu d'Abraham, le Dieu d'Isaac et le Dieu de Jacob.»
Alors Moïse se voila la face,
car il craignait de fixer son regard sur Dieu.

6. *Réflexions*

a) Dieu, qui est le tout-autre et le tout-puissant, se fait tout proche de Moïse. Mais il ne se montre pas dans toute sa splendeur. La Bible le dit: on ne peut voir Dieu face à face et continuer à vivre (Ex 33, 20). Dieu manifeste sa présence à travers un symbole: le feu.

b) Moïse est invité à enlever ses sandales. On n'approche pas Dieu sans façon. Il est certes le très-intime, le tout-près, l'ami, mais il reste Dieu. Distance infinie entre lui et nous. Distance qui n'est pas destinée à engendrer la peur mais le respect. Dieu est avec nous, il ne dédaigne pas de marcher sur nos chemins, mais ce n'est pas une raison pour le rapetisser, ou le réduire à notre taille. Penser qu'entre Dieu et nous, ça peut être «copain-copain» et rien de plus, c'est défigurer Dieu, c'est ne plus réaliser ce qu'il est vraiment. Il est Dieu! Nous ne le sommes pas.

   «Moïse se voila la face, car il craignait de fixer son regard sur Dieu.» Geste normal. Il avait le sens de Dieu.

c) «Je suis le Dieu de tes pères», dit Dieu à Moïse. Phrase importante qui souligne la longue et patiente insertion de Dieu dans l'histoire, et qui met en relief sa fidélité. La foi de ceux et celles qui nous ont précédés mérite une grande attention et un profond respect. Souvent, elle vient réconforter la nôtre. Voyant ce que Dieu a été pour nos ancêtres, nous percevons mieux ce qu'il désire être aujourd'hui pour nous.

   Que de gens ont cru avant nous! Ils nous ont légué ce qui était pour eux un bien très précieux. Comment accueillonsnous leur héritage? Comment le faisons-nous fructifier? De quelle manière cherchons-nous à le transmettre à ceux et celles qui sont autour de nous et plus jeunes que nous?

Temps de réflexion.

7. Introduction à la deuxième lecture

Après l'événement du buisson ardent, Dieu confie à Moïse une mission: celle de se rendre auprès du pharaon d'Égypte et de faire sortir les Israélites de ce pays. À cette occasion, Moïse sent le besoin de demander à Dieu de lui dire quel est son nom. Voici comment cela est raconté dans le livre de l'Exode.

8. Lecture

EXODE 3, 13-15

Moïse dit à Dieu:
«Voici, je vais trouver les Israélites et je leur dis:
"Le Dieu de vos pères m'a envoyé vers vous."
Mais s'ils me disent: "Quel est son nom?",
que leur dirai-je?»
Dieu dit à Moïse: «Je suis celui qui est.»
Et il dit:
«Voici ce que tu diras aux Israélites:
"Je suis" m'a envoyé vers vous.»
Dieu dit encore à Moïse:
«Tu parleras ainsi aux Israélites:
"Yahvé, le Dieu de vos pères,
le Dieu d'Abraham, le Dieu d'Isaac et le Dieu de Jacob
m'a envoyé vers vous.
C'est mon nom pour toujours,
c'est ainsi que l'on m'invoquera de génération en génération."»

9. Réflexions

a) La réponse que Dieu donne à Moïse a dû le laisser sur sa faim et l'intriguer. Les auteurs ont de la difficulté à traduire ce que Dieu révèle à Moïse. «Je suis celui qui est», «Je suis celui qui suis», «Je suis qui je suis»: autant de traductions possibles. Par cette formule, Dieu veut signaler qu'il est l'être par excellence. Il «est», au-delà de tous les êtres. Il est le vivant, il n'est que vie. Son être est si riche, si plein, si lumineux, si haut et si profond, qu'il demeure inaccessible dans sa totalité aux hommes et aux femmes que nous sommes. Dieu est infini. Il est mystère. Il est ineffable, c'est-à-dire que personne ne peut, avec nos pauvres mots, dire adéquatement qui il est.

b) Néanmoins, tout au long des siècles, ceux et celles qui croient en Dieu ne cesseront pas de lui donner des noms, s'efforçant ainsi de lever le voile sur le mystère.

La Bible nomme Dieu de diverses manières. Elle l'appelle le Seigneur, le Très-Haut, le miséricordieux, le Tout-Puissant, le rocher d'Israël, le pasteur du peuple, l'Éternel, le Saint. Et il y en a d'autres.

Il est intéressant de jeter un coup d'œil sur les prières musulmanes. Il en existe une qui énumère une longue liste de noms attribués à Dieu. Nous allons l'utiliser afin de rendre grâce à Dieu et l'acclamer en union avec tous ceux et celles qui croient en lui sur terre.

Geste qui invite à se lever.

10. Acclamation (d'abord par le soliste, ensuite par l'assemblée):

— **Tu es, Seigneur, éternellement!** (LF n° 201)

Quand ils se mettent à prier Dieu et à le bénir, nos frères musulmans l'appellent le Clément, le Miséricordieux, le Roi, le Saint, la Paix, celui qui témoigne de sa propre véridicité.

Ils le nomment le Vigilant, le Tout-Puissant, le Très-Fort, le Créateur, celui qui donne un commencement à toute chose, celui qui a façonné le ciel et la terre.

Ils l'appellent le Pardonneur, le Dominateur, le Donateur, le Dispensateur, le Victorieux, le Connaissant, celui qui ferme les cœurs, celui qui ouvre les cœurs, celui qui abaisse, celui qui relève.

Avec eux, avec toutes les croyantes et tous les croyants du monde, reconnaissons que Dieu existe, et qu'il existe éternellement.

— **Tu es, Seigneur...** (bis)

Moment de silence.

Quand les musulmans se tournent vers Dieu pour le prier, ils le nomment aussi celui qui donne la dignité, celui qui l'enlève. Ils le nomment l'Attentif, le Voyant, le Juge, le Glorieux, le Revivificateur, le Témoin, la Vérité, l'Intendant, le Fort, l'Inébranlable, l'Ami, le Digne de louanges.

Ils l'appellent aussi l'Omniscient, le Prévenant, celui qui ressuscitera ses créatures, le Créateur de la Vie, le Créateur de la mort, le Vivant, le Subsistant, le Juste, le Subtil, l'Informé.

Ils disent aussi de lui qu'il est celui qui est plein de mansuétude.

Reconnaissons l'existence de ce Dieu qui est le leur, qui est le nôtre et qui est le Dieu de l'univers. Reconnaissons qu'il existe éternellement.

— **Tu es, Seigneur...** (bis)

Moment de silence.

Le Dieu du ciel et de la terre, le Dieu d'Abraham, d'Isaac et de Jacob, les musulmans lui donnent d'autres noms encore. Ils l'appellent l'Inaccessible, celui qui pardonne. Ils l'appellent le Reconnaissant, le Très-Haut, le Grand, le Gardien, le Nourricier, celui qui tient compte de tout.

Et ce n'est pas fini. Ils l'appellent le Majestueux, le Généreux, le Veilleur, celui qui exauce, celui qui embrasse toutes choses, le Sage, le Très-Aimant, l'Opulent, le Glorifié, l'Unique.

Et ils ajoutent qu'il est l'Impénétrable, le Puissant, le Tout-Puissant, celui qui approche, celui qui éloigne, le Premier, le Dernier, le Manifesté.

Que de noms on peut donner à Dieu et, tous ensemble, ils ne parviennent pas à tout dire de lui, tant il est grand.

Unis à tous les croyants du monde, reconnaissons la grandeur de Dieu et sa majesté.

— **Tu es, Seigneur...** (bis)

Nous n'avons pas encore cité tous les noms que la religion musulmane attribue à Dieu. Elle l'appelle le Caché, le Régnant, le Sublime. Elle l'appelle celui qui opère dans les cœurs la piété et celui qui revient sans cesse vers le pécheur repentant.

Elle dit de lui qu'il est le Justicier, l'Indulgent, le Compatissant, le Maître du Royaume, le Seigneur de majesté et de générosité, l'Équitable, celui qui rassemble, le Suffisant à lui-même, celui qui enrichit.

Et ce n'est pas tout, elle dit encore que Dieu est le Défenseur, celui qui afflige, celui qui favorise, et elle ajoute qu'il est la Lumière, le Guide, celui qui est au commencement de tout.

Elle le nomme aussi l'Éternel, l'Héritier de toutes choses, celui qui mène sur le bon chemin.

Puis, le dernier titre qu'elle lui donne est un très beau titre. Elle l'appelle le Patient.

En le bénissant, en l'adorant, en lui rendant gloire, en le chantant, reconnaissons que Dieu existe et qu'il existe éternellement.

— **Tu es, Seigneur...** *(4 ou 5 fois)*

Geste qui invite à s'asseoir.

Moment de réflexion personnelle.

III. Deuxième partie: Le Dieu de Jésus Christ

11. Introduction aux textes scripturaires

«Quel est ton nom?» avait demandé Moïse. Dieu avait répondu: «Je suis celui qui est. — Je suis celui qui suis.» Formule mystérieuse qui signale la fragilité de nos mots pour dire qui est Dieu. Dieu nous dépasse tellement!

Jésus viendra cependant compléter cette formule, ou, plus précisément, il viendra nous dire quel mot doit être employé pour exprimer le mieux qui est Dieu. Ce mot est le mot Père. Dieu est Père. Non seulement il est Père du ciel et de la terre, Père du peuple qu'il s'est choisi, Père des petits et des affligés, mais, d'une manière tout à fait particulière, il est le Père de Jésus lui-même. C'est ce que nous apprennent les quatre évangiles et spécialement celui de saint Jean dont nous allons entendre quelques passages.

12. Textes scripturaires

Bref moment de silence entre chacun des textes.

JEAN 2, 16

Jésus dit aux marchands de colombes:
«Enlevez cela d'ici.
Ne faites pas de la maison de mon Père une maison de trafic.»

JEAN 8, 19-20

Les pharisiens disaient à Jésus:
«Où est-il, ton père?»
Jésus répondit:
«Vous ne connaissez ni moi ni mon Père,
si vous me connaissiez, vous connaîtriez aussi mon Père.»

Il prononça ces paroles, alors qu'il enseignait au Temple,
du côté de la salle du Trésor.

JEAN 14, 5-7

Thomas dit à Jésus:
«Seigneur, nous ne savons même pas où tu vas;
comment pourrions-nous savoir le chemin?»
Jésus lui répond:
«Moi, je suis le Chemin, la Vérité et la Vie;
personne ne va vers le Père sans passer par moi.
Puisque vous me connaissez, vous connaîtrez aussi mon Père.
Dès maintenant vous le connaissez, et vous l'avez vu.»

JEAN 17, 1. 4-5. 24-25

[Après avoir longuement parlé à ses disciples,
le soir de la Cène,
Jésus] leva les yeux au ciel et pria ainsi:
«Père, l'heure est venue.
Glorifie ton Fils, afin que le Fils te glorifie. [...]
Moi, je t'ai glorifié sur la terre
en accomplissant l'œuvre que tu m'avais confiée.
Toi, Père, glorifie-moi maintenant auprès de toi:
donne-moi la gloire que j'avais auprès de toi
avant le commencement du monde. [...]
Père, ceux que tu m'as donnés,
je veux que là où je suis, eux aussi soient avec moi,
et qu'ils contemplent ma gloire,
celle que tu m'as donnée
parce que tu m'as aimé avant même la création du monde.
Père juste, le monde ne t'a pas connu,
mais moi je t'ai connu, et ils ont reconnu, eux aussi,
que tu m'as envoyé.
Je leur ai fait connaître ton nom,
et je le ferai connaître encore,

pour qu'ils aient en eux l'amour dont tu m'as aimé,
et que moi aussi, je sois en eux.»

Méditation personnelle avec soutien musical.

13. Réflexions

a) Père! le Père! mon Père! Dieu est père. Voilà la grande révélation. Avant d'être l'être suprême, avant d'être tout-puissant, avant d'être fort, avant d'être créateur du ciel et de la terre, avant d'être juge des vivants et des morts... avant tout, Dieu est Père.

Dieu n'est pas devenu Père un jour; il est Père depuis toujours. De sa nature, il est Père. C'est de toute éternité qu'il est Père.

b) Dieu est Père parce qu'il a un fils. Un père sans fils, c'est impensable. En tant que Père, Dieu existe de toute éternité. Il en est de même pour son Fils. Lui aussi, il existe de toute éternité. C'est ce que Jésus voulait faire comprendre quand il disait: «Le Père et moi, nous sommes un.» (Jn 10, 30)

c) C'est Jésus qui nous a révélé que Dieu était père. Sans lui, nous ne le saurions pas. Dans l'évangile de saint Matthieu, Jésus dit ceci: «Nul ne connaît le Fils, si ce n'est le Père, comme nul ne connaît le Père si ce n'est le Fils et celui à qui le Fils veut bien le révéler.» (Mt 11, 27) Dans l'évangile de saint Jean, en s'adressant à son Père, Jésus dit: «Je leur ai fait connaître ton nom, et je le ferai connaître encore, pour qu'ils aient en eux l'amour dont tu m'as aimé.» (Jn 17, 26)

Il ne suffit pas de lire la Bible pour savoir que Dieu est Père. Pour le savoir vraiment, pour le reconnaître ouvertement, pour le croire fermement et pour vivre de cette révélation, l'action de Jésus est nécessaire. C'est Jésus qui nous révèle le Père, qui nous fait connaître son Père, qui nous apprend que son Père est aussi notre Père. Sans lui, nous ne pourrions pas affirmer que Dieu est Père et nous ne pourrions pas le prier en disant Notre Père.

d) Dieu est Père! C'est merveilleux de le savoir et de le croire. Que Dieu soit béni parce qu'il est Père.

Invitation à se lever.

14. Acclamation

— **Béni sois-tu, Seigneur**! (MNA 61.29; LDP n°s 127 et 246; CFC p.197)

— Parce que l'Écriture te nomme Père et que tu l'es en vérité, Dieu, nous te bénissons.

— Pour la beauté et pour l'insondable richesse de ton nom, béni sois-tu.

— Pour la clarté, pour la transparence et pour la transcendance de ton nom, béni sois-tu.

— Pour la simplicité et pour la grandeur de ton nom, béni sois-tu.

— Pour la noblesse et pour la dignité de ton nom, béni sois-tu.

— Pour la sainteté et pour la magnificence de ton nom, béni sois-tu.

— Pour ton nom qui appelle à l'espérance et à l'amour, béni sois-tu.

— Pour ton nom qui révèle ton visage et manifeste ta gloire, béni sois-tu.

— Pour t'appeler Père, pour être le Père de Jésus Christ et pour être notre Père, Dieu, béni sois-tu.

Invitation à s'asseoir.
Moment de réflexion personnelle.
Pièce musicale si on le juge à propos.

15. Texte d'auteur

Dans le *Livre de la Foi* édité par les évêques de Belgique en 1987, on lit ceci.

Avant de reconnaître Dieu comme «tout-puissant», il est bon de le découvrir comme Père. D'abord Dieu est Père en lui-même, parce qu'au sein de la Trinité, avant que rien ne soit, il engendre son Fils. Dieu est amour, parce que l'amour, qui est union dans la Trinité, a son origine dans le Père. Ensuite, il est aussi notre Père parce qu'il nous a créés et qu'il nous aime au point de nous adopter comme ses fils.

Tout homme est profondément marqué par la relation à son père et à sa mère: il n'est pas facile pour un enfant de grandir dans une relation libératrice et épanouissante. Cela est vrai dans l'histoire de chacun de nous et cela vaut pour l'histoire de l'humanité entière. À cause de tant de blessures dans les relations fils-père sur le plan humain, notre relation au Dieu-Père peut souffrir violence.

Beaucoup de fausses images de Dieu — celles d'un père ou d'une mère surprotecteurs ou jaloux de leur supériorité, celles d'un père oppressif ou débonnaire — ont éveillé en l'homme l'angoisse ou la rébellion. Beaucoup de nos contemporains vivent ce drame: «C'est Dieu ou c'est moi!», déclarent-ils. Pour devenir adulte, on est censé devoir éliminer Dieu de la pensée, de la culture et de la société. Ne serait-ce pas, au contraire, de l'absence de Dieu que notre société est malade? Là où on fait silence autour de Dieu, beaucoup de gens ont froid de n'avoir plus de Père.

Les évêques de Belgique, *Livre de la Foi*, Tournai/Ottawa, Desclée/Novalis, 1987, p. 23.

IV. Conclusion

16. Introduction au chant

Dieu est Père. Parce qu'il est Père, il a un Fils. Celui qui unit le Père au Fils, et le Fils au Père, se nomme Esprit Saint. Voilà ce que les Écritures nous apprennent. Au terme de notre célébration, chantons le Père, le Fils et l'Esprit Saint, comme nous l'avons fait au début.

17. Chant

Jésus Christ au cœur de notre histoire (M. Dubé)

Couplets:

Année 1999:	1	Dieu plein d'amour et de fidélité, que ton nom soit connu sur notre terre...
Année 1997:	6	Dieu a voulu nous dire son amour; nous faisant ses enfants par le baptême...
Année 1998:	4	Viens, Esprit Saint, prier en notre cœur; apprends-nous à parler à notre Père...

18. Bénédiction

— Que Dieu le Père nous manifeste son amour et nous garde dans la paix. — *Amen* (*chanté ou récité*).

— Que Dieu le Père habite en nous et nous donne sa joie. — *Amen.*

— Que Dieu le Père soit notre force et qu'il nous maintienne dans l'espérance. — *Amen.*

En traçant sur soi le signe de la croix.

— Et que le Tout-Puissant nous bénisse, Dieu qui est Père, Fils et Saint-Esprit. — *Amen.*

— Allons dans la paix du Christ. — *Amen.*

Il est aussi notre Père

I. Ouverture

1. Salutation

Que Dieu notre Père nous manifeste sa bienveillance et nous donne sa paix. — *Béni soit Dieu maintenant et toujours!*

OU

Que Dieu, qui est Père de Jésus Christ et qui est aussi notre Père, soit avec vous. — *Et avec votre esprit.*

2. Introduction à la célébration et au chant d'ouverture

Soyons heureux de pouvoir nous présenter devant Dieu en l'appelant «notre Père». C'est une grâce, assurément. Que ce soit aussi une joie! Tant d'hommes et de femmes, sur terre, ne savent pas que Dieu est leur Père. Nous, nous le savons, grâce à Jésus qui nous l'a révélé. Pour nous, sa parole est vérité. Acclamons-le et remercions-le de nous avoir appris que nous sommes membres de la famille de Dieu.

3. Chant

JÉSUS CHRIST AU CŒUR DE NOTRE HISTOIRE (Madeleine Dubé)

Année 1999: Dieu Père

Couplet 1: Tu nous as choisis avant notre naissance...

Couplet 3: Que ta volonté nous guide et nous anime...
Couplet 7: Nous croyons en toi...
Couplet 8: Gloire à Toi, Seigneur, qui règnes...

BÉNI SOIT DIEU (Cantique de Tobie — AT 5) (X 57; MNA 33.34)

Ô PÈRE (ALPEC 3 Carême)

4. Prière d'ouverture

Dieu, Père de Jésus Christ et Père de tous ceux et celles qui habitent sur terre,
vois notre désir de te rencontrer et de nous mettre à ton écoute.
Tu es la lumière qui guide nos pas incertains,
tu es le souffle de nos vies qui souvent s'épuisent,
tu es notre réconfort et tu es notre espérance.
Dispose nos cœurs à entendre ta Parole
et aiguise notre désir
de la garder profondément en nous
afin de la mettre chaque jour en pratique.
Nous te le demandons par Jésus, le Christ, notre Seigneur.

Geste qui invite à s'asseoir.
Pièce musicale (2 ou 3 minutes).

II. Première partie: Le Père de Jésus Christ

5. Introduction à la première lecture

Saint Jean nous dit que Dieu est amour (1 Jn 4, 8). S'il est amour, on comprend qu'il soit appelé Père. De nous-mêmes, jamais nous n'aurions pu imaginer, jamais nous n'aurions pu découvrir que Dieu est amour et qu'il est Père. Par nous-mêmes, nous pouvions certes penser ou découvrir que Dieu est le tout-puissant, qu'il est incréé, qu'il est le créateur du ciel et de la terre. Nous pouvions imaginer aussi que, sans lui, aucune vie ne serait possible. Mais affirmer qu'il est amour et qu'il est Père, cela était au-delà de nos capacités, au-delà de notre entendement.

Ce que nous ne pouvions trouver par nous-mêmes, Jésus nous l'a cependant révélé. À plusieurs reprises, il a parlé de Dieu en le nommant Père. Dans l'évangile de Jean, par exemple, il parle de Dieu en l'appelant «le Père» ou «mon Père». Il s'applique alors à montrer qu'il existe une très grande intimité entre lui et son Père. Tout lui vient de son Père et tout ce qu'il accomplit est accompli pour lui plaire. Écoutons quelques affirmations de Jésus.

6. *Phrases extraites de Jean*

À lire lentement.

— Le Père et moi nous sommes un. (Jn 10, 30)

— Le Père est en moi et moi dans le Père. (Jn 10, 38)

— Je demeure dans l'amour de mon Père. (Jn 15, 10)

— Tout ce que possède le Père est à moi. (Jn 16, 15)

— Je ne suis pas seul, le Père est avec moi. (Jn 16, 32)

Moment de silence.

— Si vous me connaissiez, vous connaîtriez aussi mon Père. (Jn 8, 19)

— Tout ce que fait le Père, le Fils le fait pareillement, afin que tous honorent le Fils comme ils honorent le Père. (Jn 5, 19-20)

— Je ne fais rien de moi-même, mais tout ce que le Père m'enseigne, je le fais. (Jn 8, 28)

— Nul ne va au Père que par moi. (Jn 14, 6)

— Qui m'a vu a vu le Père. (Jn 14, 9)

7. Écho à ces paroles

a) Intimité profonde entre Jésus et son Père, entre le Père et son Fils. Intimité si profonde et si intense, communion... commune-union si étroite entre eux, que les théologiens ont dû en tirer la conclusion qui s'imposait: le Fils est l'égal de son Père, il est Dieu comme son Père.

b) On connaît la question de Philippe: «Montre-nous le Père.» Jésus répond spontanément: «Celui qui m'a vu a vu le Père.» (Jn 14, 8-9) Le Christ est le reflet du Père, il est son icône. Tout ce qui nous est dit dans le Nouveau Testament, concernant Jésus, doit donc être reçu avec respect et être précieusement conservé. À lire les évangiles, on apprend qui est Jésus. Chaque page de ce livre trace un trait de son visage. Et à travers son visage, c'est celui de son Père, celui de Dieu lui-même qui apparaît.

c) Si le visage du Christ est déconcertant, celui du Père l'est donc aussi. Si on vous demande: «Tracez-moi le visage du Christ», vous direz sans doute: «C'était un homme bon, doux, généreux et compréhensif. Il était accueillant pour tous. Il était miséricordieux. Il se portait à la défense des petits et des pauvres. Il n'acceptait pas les injustices. Il faisait passer le bien des hommes avant le respect scrupuleux et tatillon de la loi.» En disant tout cela, vous aurez raison et, en décrivant ainsi qui était Jésus, vous aurez peint du même coup le visage de son Père. «Qui m'a vu a vu le père. — Qui me connaît connaît le Père.»

d) Pour correspondre pleinement à la vérité, votre portrait du Christ devra cependant être complété. Vous devrez, en effet, parler de l'homme qu'on a rejeté, qu'on a injustement accusé, qu'on a condamné à la mort, qu'on a insulté, méprisé. Vous devrez parler de la couronne d'épines, des bras étendus sur la croix et des sueurs de sang. Vous devrez aussi mentionner que le plus beau des hommes est devenu, par la malice de ses frères, le défiguré des hommes. Et alors vous devrez ajouter: «Ce visage c'est aussi celui de Dieu, qui est Père de Jésus Christ», car il l'a dit: «Qui m'a vu a vu le Père.»

Moment de silence.

Si possible, on place dans le chœur une belle image ou une icône du Christ.

Bon temps de réflexion personnelle.

Pièce musicale.

8. Louange au Christ

Remercions le Christ de nous avoir dit qui est le Père et de nous avoir montré son visage.

— **Gloire et louange à toi, Seigneur Jésus!** (X 10-h; LF n° 392; ALPEC 1 Acclamation)

— **Béni sois-tu, Seigneur!** (MNA 61.29; CFC p. 197)

— **Béni sois-tu, Seigneur Jésus** (ALPEC 4 Refrains bibliques)

Tu es né dans une crèche et tu n'avais pas d'endroit où reposer ta tête. Ainsi, tu nous as révélé un Dieu ami des petits, des humbles et des pauvres.
Pour être né chez les pauvres, Seigneur Jésus, nous te bénissons et nous te rendons gloire. **R**

Tu t'es invité chez Zachée, tu as mangé avec les pécheurs et tu as pardonné à la femme que la Loi demandait de lapider. Ainsi, tu nous as révélé que ton Père est un Dieu de tendresse et de pardon.
Pour n'avoir jamais cessé de faire miséricorde, Seigneur Jésus, nous te rendons gloire. **R**

Tu as proclamé que tu es doux et humble de cœur, tu as redonné la vue à des aveugles et fait marcher des boiteux; aucune détresse ne t'a laissé insensible. Ainsi, tu nous as appris que ton Père est l'ami de tous ceux et celles qui habitent sur notre terre et qu'il est un Dieu qui apporte la vie.

Pour ta bonté et pour ta compassion envers tous, Seigneur Jésus, nous te bénissons. **R**

Tu n'as jamais éteint la mèche qui fumait encore, tu n'as pas imposé aux autres des fardeaux trop lourds pour leurs épaules, tu as proclamé la priorité du bien de l'homme sur la Loi. Ainsi, tu nous as convaincus qu'en toute circonstance, nous pouvions nous approcher de Dieu et nous confier entièrement à sa bienveillance.
Pour nous avoir ainsi tracé l'image d'un Dieu bon, Seigneur Jésus, nous te bénissons et nous te rendons gloire. **R**

Quand on t'a injustement accusé, tu as gardé le silence; lorsqu'on t'a frappé, tu n'as pas levé le poing en signe de représailles; quand on est venu te prendre, tu ne t'es pas enfui; ta vie tu l'as donnée librement et par amour. Ainsi, tu as tout fait pour nous montrer que le Dieu tout-puissant, qui est ton Père, était un Dieu crucifié.
Pour cette image stupéfiante de Dieu, qui est ton Père, Seigneur Jésus, nous te rendons gloire. **R**

9. Prière

Seigneur Jésus, nous t'en prions,
ne cesse pas de nous donner ton Esprit
pour que nous entrions plus profondément
dans l'intelligence de ce que tu nous as révélé
et pour que, de jour en jour,
nous soyons conduits vers la vérité entière.
Fais-nous te chercher
et fais-nous trouver le visage de ton Père
là où sont les petits et les pauvres,
les malades et les abandonnés,
les ignorés et les pécheurs.
Nous te le demandons humblement
en proclamant que tu es l'égal de ton Père
et que tu vis près de lui, pour les siècles des siècles.

Invitation à s'asseoir.
Temps de réflexion personnelle.

III. Deuxième partie: Il est aussi notre Père

10. Introduction à la lecture

Quand il parle de Dieu, le Christ le nomme donc «le Père» ou «mon Père». Que Dieu soit Père, et qu'il soit Père de Jésus Christ, nous le croyons. À ces deux affirmations, doit cependant s'en ajouter une troisième qui nous concerne tout particulièrement. Jésus affirme en effet que son Père est aussi le nôtre. Affirmation à laquelle nous sommes habitués, mais qui n'en demeure pas moins étonnante, splendide et bouleversante.

Dieu est notre Père. Par nous-mêmes, jamais nous n'aurions pu le découvrir. Il fallait que Jésus nous le dise. Il nous l'a dit.

Dans l'évangile de Jean, par exemple, quand Jésus apparaît à Marie Madeleine et que celle-ci veut le retenir, il lui dit: «Cesse de me tenir, je ne suis pas encore monté vers le Père. Va plutôt trouver mes frères pour leur dire que je monte vers mon Père et votre Père, vers mon Dieu et votre Dieu.» (Jn 20, 17)

Quand il exhorte ses disciples à bien vivre, Jésus leur parle de leur Père, qui est aussi le sien. Il leur dit:

> «Si vous aimez ceux qui vous aiment, quelle récompense aurez-vous? Les publicains eux-mêmes n'en font-ils pas autant? Et si vous ne saluez que vos frères, que faites-vous d'extraordinaire? Les païens n'en font-ils pas autant? Vous donc, soyez parfaits comme votre Père céleste est parfait.» (Mt 5, 46-48)
>
> Il leur dira aussi:
>
> «Soyez miséricordieux comme votre Père est miséricordieux.» (Lc 6, 36)

Je n'oublie pas son enseignement sur la prière. «Montre- nous comment prier», lui dirent ses disciples. Il leur répondit: «Quand vous priez, dites: Notre Père, qui es aux cieux.» (Mt 6, 9)

Son Père est donc le nôtre. Lui et nous, nous sommes de la même famille, de la même maison, de la même race. Avec lui, nous ne formons qu'un seul être, qu'un seul corps. Le baptême est la source de cette communion profonde. L'eucharistie est l'aliment qui la fait croître: «Le pain que nous rompons, n'est-il pas communion au corps du Christ?» demande saint Paul; et il poursuit en disant: «Puisqu'il y a un seul pain, la multitude que nous sommes est un seul corps, car nous avons tous part à un seul pain.» (1 Co 10, 16-17) Un même baptême, un même pain; à cause de cela, un seul corps, un seul être, et donc, un seul et même Père. Comme le Christ et avec lui, il nous est possible de nous tenir devant Dieu et de lui dire «Notre Père».

Les premiers disciples ont beaucoup réfléchi sur ce fait que Dieu est notre Père et ils en ont tiré les conséquences qui s'ensuivent. Voici, à ce sujet, un passage de la première lettre de Jean, puis deux extraits des épîtres de Paul.

11. Lecture

1 Jean 3, 1-3

Voyez quel amour nous a donné le Père:
nous sommes appelés enfants de Dieu, et nous le sommes.
C'est pourquoi le monde ne nous reconnaît pas:
voyez que lui-même n'a pas été reconnu.
Mes bien-aimés, nous sommes enfants de Dieu
mais on ne peut pas voir encore ce que nous deviendrons.
Nous savons cependant que lorsqu'il se montrera à découvert
nous serons semblables à lui,
parce que nous le verrons comme il est.
Quand on attend de lui une telle chose,
on veut devenir saint tout comme lui il est saint.

Moment de réflexion personnelle.

Galates 4, 4-7

Lorsque fut arrivée la plénitude des temps,
Dieu envoya son Fils, né d'une femme, né sous la Loi
afin de racheter ceux qui étaient sous la Loi,

pour que nous recevions notre titre d'enfants.
Et parce que vous êtes fils,
Dieu a fait venir à vos cœurs l'Esprit de son Fils,
celui qui peut crier: Abba, Père!
Donc tu n'es plus esclave, tu es fils,
et comme à un fils, Dieu te donne l'héritage.

Moment de réflexion personnelle.

ROMAINS 8, 14-17

Vous le savez,
tous ceux qui sont conduits par l'Esprit de Dieu
sont fils et filles de Dieu.
Alors, finie la crainte:
vous n'avez pas reçu un esprit d'esclaves mais un esprit de fils;
c'est lui qui nous pousse à appeler: «Papa! Père!»
L'Esprit assiste notre esprit
et lui redit que nous sommes enfants de Dieu.
Étant fils, vous êtes héritiers, héritiers de Dieu,
ses héritiers avec le Christ.
Et quand nous aurons souffert avec lui,
nous serons avec lui dans la gloire.

Moment de réflexion personnelle.

12. Réflexions

a) Nous sommes enfants de Dieu parce que Dieu a voulu que nous le soyons. Notre filiation est issue de l'amour qu'il nous porte.

Il nous est impossible de saisir pleinement ce que représente notre condition d'enfants de Dieu. Il s'agit d'une réalité en devenir qui, de jour en jour, fait de nous des êtres qui ressemblent de plus en plus à Dieu parce qu'ils s'unissent de plus en plus au Christ. C'est dans le Christ que nous sommes enfants de Dieu. Cette situation ne doit pas être qu'un titre, qu'un honneur; elle est aussi une responsabilité. Elle implique de notre part la volonté de tendre vers la sainteté. «Soyez parfaits comme votre Père est parfait», avait dit Jésus (Mt 5, 48). Saint Jean fait écho à cette phrase quand il écrit: «Quand on attend de lui de le voir comme il est, on veut devenir saint tout comme lui il est saint.»

b) Voir Dieu tel qu'il est, le contempler éternellement, nous épanouir devant lui sans entrave, voilà quel est notre héritage.

   Depuis le jour de la résurrection, Jésus est déjà en possession de cet héritage. Nous en sommes nous aussi déjà en possession, mais de manière précaire. La lumière de Dieu brille déjà dans nos cœurs, écrit saint Paul, mais nous portons ce trésor comme dans des «vases d'argile» (2 Co 4, 6-7).

   Tout ce que nous sommes — nous sommes des fils et des filles de Dieu —, tout ce que nous possédons déjà — nous possédons déjà la vie du Christ et la vie de l'Esprit —, mais aussi tout ce que nous posséderons un jour est don de Dieu, gracieuseté de sa part. Dieu est notre Père. Nous sommes aimés comme des enfants. Voilà ce qui explique tout. Et voilà ce que nous devons reconnaître. Toute notre existence sur terre n'a, au fond, qu'un but: elle nous est donnée pour que nous ne cessions de naître à la vie du Christ et à la vie de Dieu, pour que nous ne cessions jamais de devenir les enfants de celui qui est notre Père.

c) L'Esprit nous pousse à appeler Dieu «Abba! Papa!», écrit l'apôtre Paul. Ce mot abba indique une très grande familiarité, une très grande intimité entre celui qui le prononce et celui qui l'entend. Voici ce qu'on dit à ce sujet dans un ouvrage destiné aux adultes qui se préparent au baptême.

13. Texte d'auteur

Paul fait certainement allusion à une façon de prier des premiers chrétiens. Ils invoquaient Dieu en disant «Père», mais ils ajoutaient «Abba», mot araméen: c'est l'appel du petit enfant juif à son père: «papa». Aucun juif du temps de Jésus n'osait appeler Dieu ainsi et si les premiers chrétiens osaient le faire, c'était sur l'exemple même de Jésus comme Marc le rapporte au moment de l'agonie: «Abba, Père, à toi tout est possible, écarte de moi cette coupe [de souffrances]» (Mc 14, 36).

Les premiers chrétiens se sentaient appelés par l'Esprit saint à s'adresser à Dieu avec la familiarité du petit vis-à-vis de son père chéri. Mais l'exemple de Jésus à son agonie montrait que cette confiance filiale n'était pas du sentimentalisme facile: en pleine «frayeur et angoisse» (Mc 14, 33-34), devant la croix et la mort, Jésus invoque encore Dieu comme «Abba», Père tendrement aimant.

«Non pas ce que je veux, mais ce que tu veux» (Mc 14, 36). Ce n'est pas là la résignation du serviteur se pliant à la volonté implacable du Maître. C'est l'adhésion, douloureuse mais libre, du Fils au projet du Père pour sauver les hommes.

Service national du catéchuménat, *Dire la foi des chrétiens. Pour adultes commençant une réflexion chrétienne*, Bayard Éditions/ Centurion, 1995, p. 158.

Bon moment de réflexion personnelle.
Pièce musicale qui conduit au chant qui suit.
Durant ce temps, on pourrait venir placer deux images (icônes) dans le chœur: celle du Père et celle du Fils.

14. Chant

Ô PÈRE, JE SUIS TON ENFANT (SM 90)

Couplets 1, 2, 3

Le refrain ne sera chanté que par deux ou trois personnes.

15. Remerciements

Remercions Dieu de ce qu'il a fait de nous, en lui disant: **Dieu notre Père, sois remercié.**

Geste qui invite à se lever.

— Parce que tu nous as faits à ton image et à ta ressemblance: **Dieu notre Père...**

— Parce que tu es un Dieu qui prend soin de nous et qui nous aime.

— Parce que tu as voulu être notre Père.

— Parce que tu nous as fait connaître Jésus, ton enfant bien-aimé.

— Parce que nous avons été baptisés en ton nom, au nom de ton Fils et au nom de l'Esprit.

— Parce que l'Esprit habite en nos cœurs.

— Parce que nous sommes membres du corps du Christ.

— Parce que nous pouvons t'appeler Père.

— Parce que nous pouvons te prier en te disant «Notre Père».

— Parce qu'un jour, nous te verrons face à face.

— Parce qu'un jour, nous vivrons auprès de toi, avec le Christ.

IV. Conclusion

16. Prière de conclusion

Dieu de Jésus Christ,
Dieu créateur du ciel et de la terre,
toi, le Père de tous les vivants,
toi que nous pouvons appeler «notre Père»,
nous te prions de nous garder près de toi
et de nous soutenir dans notre désir
de répondre à ton amour à tout instant.
Quand il fait noir en nous et autour de nous,
sois notre lumière;
quand nous nous sentons fragiles
et quand notre pas devient chancelant,
sois notre force;

à l'heure de la tentation, sois notre réconfort,
et quand l'heure est propice pour témoigner de toi,
mets en nous l'Esprit
qui donne de ne rougir ni de toi ni de Jésus notre Sauveur.
C'est par lui que nous te le demandons,
en proclamant qu'il est ressuscité
et qu'il vit auprès de toi, pour les siècles des siècles.

17. Chant

Ô PÈRE, JE SUIS TON ENFANT (SM 90)

Couplets 4, 5

Cette fois, le refrain est chanté par toute l'assemblée.

18. Bénédiction

Allons [allez] dans la paix du Christ.

Allons [allez] vivre comme des enfants de Dieu.

Allons [allez] et faisons [faites] de nos [vos] vies un chant à la gloire de Dieu.

La personne qui préside trace un signe de croix sur soi ou sur l'assemblée.

Et que Dieu nous [vous] bénisse: le Père (+), le Fils et le Saint-Esprit.

Un Père tout-puissant

I. Ouverture

1. Salutation

Que le Dieu créateur du ciel et de la terre,
que le Dieu d'Abraham, d'Isaac et de Jacob
que le Dieu de Jésus, le Christ, soit avec vous.

OU

Bénissons le Dieu de Jésus Christ,
qu'il nous donne la grâce et la paix.
— *Béni soit Dieu maintenant et toujours!*

2. Introduction à la célébration et au chant d'ouverture

Le Dieu que nous sommes venus rencontrer et devant qui nous nous tenons, n'est pas un petit Dieu mais un grand Dieu. Son nom s'écrit avec une majuscule. Il n'est comparable à aucun autre dieu. Il est unique, il est l'Unique, affirme l'Ancien Testament. Ses hauts faits sont innombrables. Ce que l'Écriture dit de lui et de ce qu'il a fait est déjà merveilleux, mais ce n'est qu'une infime partie de la réalité. Nous n'en aurons jamais fini de découvrir la splendeur de notre Dieu, sa toute-puissance et l'éclat de son nom.

Au début de notre célébration, acclamons donc notre Dieu, célébrons sa toute-puissance et l'éclat de son nom.

3. *Chant*

ET MAINTENANT, Ô NOTRE DIEU (AT 4-1)

— Et maintenant, ô notre Dieu, nous voici pour te rendre grâce; pour célébrer l'éclat de ton nom.

Cantique de David (1 Ch 29)

Béni sois-tu, Seigneur
Dieu de notre père Israël,
depuis les siècles et pour les siècles!

À toi, Seigneur, force et grandeur,
éclat, victoire, majesté,
tout, dans les cieux et sur la terre!

À toi, Seigneur, le règne,
la primauté sur l'univers:
la richesse et la gloire viennent de ta face!

C'est toi, le Maître de tout:
dans ta main, force et puissance;
tout, par ta main, grandit et s'affermit.

Et maintenant, ô notre Dieu,
nous voici pour te rendre grâce,
pour célébrer l'éclat de ton nom!

4. *Prière d'ouverture*

Dieu tout-puissant et bon,
tourne vers nous ton regard et vois notre désir
de te rencontrer,
de mieux te connaître et de scruter ton enseignement.
Nous reconnaissons en toi l'auteur de la vie
et le Dieu qui se plaît à conduire son peuple
jusqu'en terre promise.
Tu es le Très-Haut et pourtant tu te penches vers nous,
tu es le Tout-Puissant
et pourtant tu nous aimes comme un père,

tu es le Très-Fort et pourtant personne n'est miséricordieux
et tendre comme tu sais l'être.
Merci, Seigneur, de nous avoir fait connaître ton nom
et de nous permettre de nous tenir devant toi,
en toute confiance,
pour proclamer ta gloire et implorer ta bienveillance,
par Jésus, le Christ, notre Seigneur.

Geste qui invite à s'asseoir.

II. Première partie: Le Dieu créateur et le Dieu sauveur

5. *Introduction à la première lecture*

Ils sont nombreux les textes de la Bible qui nous parlent de la toute-puissance de Dieu. Il y a en particulier les psaumes qui en parlent. Nous allons en écouter un: le psaume 104 qui chante la grandeur du Dieu créateur. Écoutons bien.

6. *Lecture*

PSAUME 104 (103), vv. 1-9. 14-15.24. 31-35

Il conviendrait de faire appel à deux lecteurs (un homme, une femme) et de proclamer le texte sur fond musical.

Il conviendrait également de demander à un ou une soliste de chanter à quelques reprises le refrain: **Bénis le Seigneur, ô mon âme; Seigneur mon Dieu, tu es si grand!** (MNA p. 66)

On peut aussi inviter l'assemblée à chanter ce refrain.

Bénis Yahvé, mon âme.
Yahvé, mon Dieu, tu es si grand!
Vêtu de faste et d'éclat,
drapé de lumière comme d'un manteau,
tu déploies les cieux comme une tente,
tu bâtis sur les eaux tes chambres hautes;
faisant des nuées ton char,

tu t'avances sur les ailes du vent;
tu prends les vents pour messagers,
pour serviteurs un feu de flammes.

Tu poses la terre sur ses bases,
inébranlable pour les siècles des siècles.
De l'abîme tu la couvres comme d'un vêtement,
sur les montagnes se tenaient les eaux.
À ta menace, elles prennent la fuite,
à la voix de ton tonnerre, elles s'échappent;
elles sautent les montagnes, elles descendent les vallées
vers le lieu que tu leur as assigné;
tu mets une limite à ne pas franchir,
qu'elles ne reviennent couvrir la terre.

Tu fais croître l'herbe pour le bétail
et les plantes à l'usage des humains,
pour qu'ils tirent le pain de la terre
et le vin qui réjouit le cœur de l'homme,
pour que l'huile fasse luire les visages
et que le pain fortifie le cœur de l'homme.

Que tes œuvres sont nombreuses, Yahvé!
toutes avec sagesse tu les fis,
la terre est remplie de ta richesse.

À jamais soit la gloire de Yahvé,
que Yahvé se réjouisse en ses œuvres!
Il regarde la terre, elle tremble,
il touche les montagnes, elles fument!

Je veux chanter à Yahvé tant que je vis,
je veux jouer pour mon Dieu tant que je dure.
Puisse mon langage lui plaire,
moi, j'ai ma joie en Yahvé!

Bénis Yahvé, ô mon âme.

Temps de méditation personnelle.

7. Réflexions

a) Le ciel et la terre, notre Dieu les a faits. Tout ce que l'on voit depuis la terre: le firmament, la lune et les étoiles, les galaxies, tout cela vient de Dieu.

Ce qu'il y a sur terre vient aussi de Dieu. Les mers, les rivières, les ruisseaux... les arbres, le vent, la pluie, la neige, tout vient de notre Dieu.

Tout ce qui vit sur terre vient de lui. Des oiseaux dans le ciel, des poissons dans la mer et des animaux sur le sol, il n'y en aurait pas, il n'y en aurait aucun, si Dieu n'y avait vu et s'il n'y voyait chaque jour.

Si tout ce qui vit sur terre vient de lui, viennent donc aussi de lui et de son souffle l'homme et la femme qu'il a créés à son image. Cet homme et cette femme, il en a fait son chef-d'œuvre, parce qu'ils sont capables de penser et d'aimer, comme lui; parce qu'ils sont capables de liberté et de créativité, comme lui.

b) Vraiment, il est grand et il est tout-puissant le Dieu qui a tout créé. Il mérite d'être béni et d'être acclamé. Il le mérite parce qu'il est le créateur, mais il le mérite aussi parce qu'il est le libérateur.

Dieu, nous le savons, s'est choisi un peuple: un tout petit peuple, mais un peuple qu'il a follement aimé. Son peuple, Dieu l'a aimé comme une mère aime son enfant, comme un époux peut aimer son épouse.

Le peuple de Dieu a souvent eu la vie difficile. Il a connu la pauvreté, les persécutions; il a même connu l'esclavage. Mais Dieu l'aimait ce petit peuple et il avait établi avec lui une alliance indéfectible. C'est pourquoi, inlassablement, patiemment, amoureusement, Dieu est venu à la rescousse de son peuple. Il le voulait en vie, il le voulait libre, il le voulait en marche vers la terre promise.

c) Nous allons maintenant entendre quelques versets du psaume 105. Ce psaume chante la grandeur de Yahvé, qui non seulement est un Dieu créateur, mais est aussi un Dieu libérateur.

8. Lecture

PSAUME 105 (104), vv. 8-11. 14-15ss

Il conviendrait de faire de nouveau appel à deux lecteurs (un homme, une femme) et de proclamer le texte sur fond musical.

Il conviendrait également de demander à un ou une soliste de chanter à quelques reprises le refrain: **Le Seigneur s'est souvenu de son alliance. Alléluia.** (MNA p. 68)

On peut aussi inviter l'assemblée à chanter ce refrain.

Yahvé se rappelle à jamais son alliance,
parole promulguée pour mille générations,
pacte conclu avec Abraham,
serment qu'il fit à Isaac.

Il l'érigea en loi pour Jacob,
pour Israël en alliance à jamais,
disant: «Je te donne une terre,
Canaan, votre part d'héritage.»

Yahvé ne laissa personne opprimer les siens,
à cause d'eux il châtia des rois:
«Ne touchez pas à qui m'est consacré, proclama-t-il;
à mes prophètes ne faites pas de mal.»

Quand Israël passa en Égypte,
Yahvé fit croître son peuple abondamment,
il le fortifia plus que ses adversaires;
mais ceux-ci se mirent à haïr son peuple.

Yahvé envoya alors son serviteur Moïse,
et il envoya Aaron qu'il s'était choisi;
ils firent chez les Égyptiens les signes que Yahvé avait dits,
ils firent des miracles au pays de Cham.

Il envoya la ténèbre,
il changea leurs eaux en sang,
il fit périr leurs poissons.

Leur pays grouilla de grenouilles
jusque dans les chambres des rois [...].
Il leur donna pour pluie la grêle,
il frappa leur vigne et leur figuier,
il brisa les arbres de leur contrée.
Il frappa tout premier-né dans leur pays.

> Mais les siens, il les fit sortir avec or et argent,
> et pas un dans leurs tribus ne trébuchait.
> Il déploya une nuée pour les couvrir,
> un feu pour les éclairer de nuit.
> À leur demande, il fit venir les cailles,
> et il les rassasia d'un pain du ciel.
> Pour les abreuver, il ouvrit le rocher,
> et les eaux jaillirent.
> Dans ce lieu sec qu'est le désert,
> elles coulaient comme un fleuve.
>
> Se rappelant sa parole sacrée,
> c'est ainsi que Yahvé fit sortir son peuple.
> Il le fit sortir dans l'allégresse
> et parmi les cris de joie.

9. *Invitation à l'action de grâce*

Que de merveilles il a accomplies, notre Dieu.
Que grande est sa puissance et comme est profonde sa sagesse.
Ce qu'il dit il le fait; ce qu'il promet il l'accomplit.
Personne n'est aussi fidèle que lui.
L'alliance qu'il a conclue un jour avec Abraham,
elle est conclue pour toujours.
Célébrons notre Dieu, acclamons-le, rendons-lui grâce.

Invitation à se lever.

10. Action de grâce

Refrain (au choix):

— **Rendons grâce au Seigneur qui seul fait des merveilles. Alléluia.** (MNA p. 68)

— **Chantez au Seigneur un chant nouveau, alléluia, car il a fait des merveilles, alléluia!** (MNA p. 63)

Chant du PSAUME 104 (soliste)

Rendez grâce au Seigneur, proclamez son nom,
annoncez parmi les peuples ses hauts faits;
chantez et jouez pour lui,
redites sans fin ses merveilles.

Glorifiez-vous de son nom très saint:
joie pour les cœurs qui cherchent Dieu!
Cherchez le Seigneur et sa puissance,
recherchez sans trêve sa face.

Souvenez-vous des merveilles qu'il a faites,
de ses prodiges, des jugements qu'il prononça,
vous, la race d'Abraham son serviteur,
les fils de Jacob, qu'il a choisis.

Il s'est toujours souvenu de son alliance,
parole édictée pour mille générations:
promesse faite à Abraham,
garantie par serment à Isaac.

Invitation à s'asseoir.
Temps de réflexion personnelle.

III. Deuxième partie: Un Dieu discret

11. Introduction à la lecture

Le Dieu que nous venons de chanter est un Dieu fort et victorieux. Rien ne semble pouvoir lui résister. Tout ce qu'il veut, il l'accomplit. Tout ce qu'il entreprend, il le conduit à bon port.

Voilà une image d'un Dieu tout-puissant. Voilà l'image du Dieu-Père en qui nous croyons. Pensons à la profession de foi que nous proclamons chaque dimanche. Elle commence ainsi: «Je crois en Dieu le Père tout-puissant...» Notre Dieu est tout-puissant; aucun doute là-dessus. Mais attention! Ce Dieu tout-puissant auquel nous croyons ne manifeste pas à tout instant sa toute-puissance. Le plus souvent, il ne la manifeste pas. Au contraire, il se fait discret, silencieux. Il se cache. On l'appelle et il ne répond pas. On lui demande de donner des signes de sa présence, et il semble briller par son absence. Combien de fois n'avons-nous pas personnellement vécu de telles expériences? Combien de fois n'avons-nous pas personnellement expérimenté que Dieu se taisait alors que nous voulions entendre sa voix, et qu'il se croisait les bras alors que nous implorions son aide?

Avant nous, de nombreux croyants ont vécu cette expérience de l'absence de Dieu et de son silence. Ils en ont souffert, ils en ont pleuré, ils en ont crié. Les psaumes témoignent magnifiquement de cela. Écoutons d'abord l'auteur du psaume 13.

12. Lecture

Psaume 13, vv. 2-4

Veux-tu donc, Seigneur, m'oublier jusqu'à la fin?
Voudras-tu toujours me cacher ton visage?
Devrai-je sans cesse garder en moi ma souffrance
et dans mon cœur le chagrin tout au long du jour?
Mon ennemi sera-t-il toujours le plus fort?
Regarde et réponds-moi, Seigneur mon Dieu.
Que mes yeux voient ta lumière, ou je m'endors avec les morts.

Bon moment de silence.

13. Introduction à la lecture

C'est le cri d'un homme désespéré que nous venons d'entendre. Cet homme cherche Dieu, il veut le rencontrer, mais Dieu lui reste caché. Écoutons maintenant un extrait du psaume 22.

14. *Lecture*

PSAUME 22, VV. 2-4. 14-15

Seigneur, mon Dieu, tout le jour je t'appelle,
et de nuit je me lamente devant toi.
Que ma prière parvienne jusqu'à toi,
prête attention quand j'appelle à l'aide.
Car je me vois rassasié d'épreuves
et mon âme est bien près de rejoindre les morts.
Seigneur, je crie vers toi,
ma prière au matin s'élève à ta rencontre.
Pourquoi, Seigneur, m'as-tu rejeté et me caches-tu ta face?

Bon moment de silence.

15. *Réflexions*

a) Pourquoi me caches-tu ta face? Pourquoi ton silence? Pourquoi me laisser à moi-même? Pourquoi ne pas user de ta force pour soulager ma peine et guérir ma blessure? Pourquoi te comportes-tu comme un être faible et impuissant, toi qui es le Dieu-fort, toi qui es le Tout-Puissant?

Questions que l'on posera jusqu'à la fin des temps. Questions que le Christ lui-même s'est posées. Souvenons-nous de son appel sur la croix: «Eloi, Eloi, lama sabactani? — Mon Dieu, mon Dieu, pourquoi m'as-tu abandonné?»

b) Terrible silence de Dieu. Mais Dieu a-t-il vraiment abandonné son Fils? Écoutons ce qu'en dit le dominicain Bernard Rey.

16. *Texte d'auteur*

Dieu n'est pas intervenu pour délivrer son Fils de la mort, mais il ne l'a pas abandonné. Il est présent au drame de la croix, comme il est présent à son Fils se donnant totalement à lui dans l'obéissance, au moment d'entrer librement dans sa Passion, comme l'affirme la liturgie. Dieu n'est pas intervenu avec puissance; s'il l'avait fait en délivrant son Fils, il aurait contredit tout ce que ce dernier avait dit et fait sur les routes de Galilée et de Judée.

Car Jésus est venu chercher et sauver ce qui était perdu. Témoin du Père, qui est Amour, il est venu aimer sans condition, et jusqu'à l'extrême (Jn 13, 1). Or l'amour se propose, s'expose, mais jamais ne s'impose. En s'imposant ou en imposant son Fils, Dieu l'aurait renié. Quand nous disons: Dieu aurait dû intervenir, nous en faisons un Dieu susceptible de s'imposer, et un tel dieu est non pas celui de Jésus mais celui de ceux qui le tuent. Dieu est ailleurs: il est aux côtés de son Fils, en train de témoigner de l'amour du Père pour tous les damnés de la terre.

Comme à Gethsémani et tout au long de sa vie, Jésus est au Calvaire entièrement donné au Père et à ses frères. Il n'est pas séparé de lui, mais il est plongé dans la nuit et le silence, car ce qui se donne à voir aux yeux de tous, c'est un être abandonné, à qui tout est enlevé, c'est un persécuté de plus, livré aux pécheurs. Mais, comme le dit Paul, de riche qu'il était, Jésus-Christ s'est fait pauvre pour nous enrichir de sa pauvreté (2 Co 8, 9). Voilà pourquoi de sa mort jaillit le salut sous la forme de la foi et de la résurrection. Il y a silence, car les vues de Dieu ne sont pas celles de l'homme, mais il n'y a pas échec.

Dieu n'est pas intervenu là où les grands prêtres l'attendaient, ni comme ils le désiraient. Il a surgi ailleurs: au cœur des païens, au royaume des morts dont il ouvre les tombeaux. Au reste, la façon dont le Ressuscité va se manifester est aussi déconcertante, comparée à ce qu'espéraient les disciples.

> *La discrétion de Dieu*, Paris, Cerf (Épiphanie — Tradition dominicaine — Initiations), 1997, pp. 95-96.

Moment de réflexion personnelle.
Soutien musical.

17. Intercession

Prions notre Dieu. Prions le Tout-Puissant qui, en Jésus, s'est fait faible et vulnérable. Prions le Dieu qui est toute-bonté, qui est amour, mais qui jamais ne s'impose et jamais ne bouscule ceux et celles à qui il veut se donner.

Geste qui invite à se lever.

— **Seigneur, écoute-nous; Seigneur, exauce-nous** (Y 27 nº 51 ou B 38; LF nº 723; MNA 24.31 ou 24.42)

— Prions pour les êtres à qui la vie a été donnée et que Dieu aime.
Qu'ils aient la joie de connaître le Seigneur tout-puissant, créateur du ciel et de la terre.

— Prions pour ceux et celles qui peinent à trouver Dieu; prions aussi pour tous les hommes et toutes les femmes de la terre qui doutent de l'existence de Dieu et de sa bienveillance.
Qu'il leur soit donné de découvrir le visage de Dieu, leur Père, à travers celui de Jésus, leur sauveur.

— Prions pour les personnes qui se sont éloignées de Dieu parce qu'il n'a pas répondu à leurs attentes. Ces personnes attendaient un Dieu fort et c'est un Dieu faible et crucifié qui est venu vers eux.
Que leurs yeux et leur cœur s'ouvrent et qu'ils découvrent le vrai Dieu, celui de Jésus Christ.

— Prions pour les malades et pour les mourants, prions pour tous ceux et celles qui souffrent de la guerre, prions pour les personnes violentées et pour celles qui sont honteusement exploitées.
Que nous soit donné le courage de nous porter à leur secours et à leur défense.

— Prions pour les personnes qui ont consacré leur vie entière à Dieu, qu'elles vivent dans des monastères ou dans le monde. Par leurs paroles et par leurs gestes, par l'authenticité de toute leur existence qu'elles aident ceux et celles qui les entourent à découvrir qui est le Dieu d'Abraham, d'Isaac et de Jacob; qui est le Dieu de Jésus Christ.

— Prions pour les personnes qui s'appliquent à transmettre la foi en préparant des jeunes aux sacrements ou en enseignant dans les écoles.
Que tout ce qu'elles sèment dans les cœurs porte un jour beaucoup de fruit.

— Prions pour les théologiens, pour les moralistes et pour les exégètes; prions aussi pour les évêques, pour les prêtres et pour toutes les personnes qui ont à proclamer l'enseignement de Jésus et celui de Dieu son Père.
Que l'Esprit Saint les aide à découvrir la vérité et à la transmettre sans jamais l'édulcorer.

— Prions pour les peuples chez qui l'annonce de l'Évangile n'a pas encore retenti; prions aussi pour ces peuples qui ont un jour accueilli l'Évangile mais s'en sont éloignés depuis; prions pour les missionnaires et pour toutes les personnes qui ont le souci de travailler à l'évangélisation de leur milieu de vie et de leur milieu de travail.
Que partout naisse et grandisse l'Église de Jésus Christ.

18. Action de grâce

Père de Jésus Christ, Dieu tout-puissant et bon, nous voulons maintenant te rendre grâce et te bénir.

— **Béni sois-tu, Seigneur!** (MNA 61.29; CFC p. 197)

— **Ô Seigneur, notre Dieu, qu'il est grand ton nom par tout l'univers** (LF n° 161)

— **Dieu saint, Dieu fort, louange à toi** (CFC p. 50)

— Pour la foi mise en nos cœurs alors que nous n'étions que des enfants, nous te bénissons et nous te rendons grâce.

— Pour ton souci de te présenter au monde sans jamais t'imposer à lui, Dieu tout-puissant, nous te bénissons.

— Pour ton respect envers tous, petits et grands, forts et faibles, croyants et incroyants, Seigneur du ciel et de la terre, nous te rendons grâce.

— Pour la longue patience avec laquelle tu t'es révélé au monde; pour l'envoi des prophètes et des sages, mais surtout pour la venue de ton Fils qui t'a appelé Abba, Dieu très bon, nous t'admirons et nous te bénissons.

— Pour ton Esprit qui, dans le silence et la douceur, nous parle de toi et tourne vers toi notre regard, nous te bénissons.

— Pour les artisans de paix et pour tous ceux et celles qui cherchent à instaurer la justice sur terre, nous te rendons grâce.

— Pour l'Évangile de ton Fils qui nous a été enseigné et pour l'Église qui garde vivante ta Parole dans le monde, nous te bénissons et nous te rendons grâce.

On peut inviter les membres de l'assemblée à proposer des motifs d'action de grâce.

IV. Conclusion

19. Prière de conclusion

Nous sommes venus dans ta maison, Dieu notre Père,
pour entendre parler de toi.
Tu nous as rappelé que toi, le Très-Haut et le Très-Saint,
tu t'es fait l'un des nôtres, en Jésus ton Fils.
Tu nous as redit que ton amour fait appel à notre liberté.
Tu n'as pas fait de nous des esclaves,
mais des hommes et des femmes responsables
qui vont joyeusement et librement à ta rencontre.
Merci d'être notre Père,
merci de nous avoir montré ton visage en Jésus,
le plus humble des hommes et le plus grand des prophètes,
qui est passé par la mort et qui vit maintenant près de toi,
pour les siècles des siècles.

20. Chant

Avant de nous quitter, chantons la gloire de notre Dieu.

ALLÉLUIA, GLOIRE À TOI, NOTRE PÈRE (L 116 A)
NOUS CHANTERONS POUR TOI, SEIGNEUR (K 38; MNA 82.20; CN 1 p. 219) Couplets 1, 2, 4, 5

21. Bénédiction

Que le Tout-Puissant nous [vous] bénisse, qu'il nous [vous] garde près de lui et qu'il nous [vous] donne sa paix. — *Amen* (*qui peut être chanté*).

Que le Dieu de toute bonté nous [vous] protège et qu'il nous [vous] fasse grandir dans la foi, l'espérance et l'amour. — *Amen.*

En traçant un signe de croix sur soi ou sur les membres de l'assemblée.

Que le Très-Haut nous [vous] accorde sa bénédiction: le Père (+), le Fils et le Saint-Esprit. — *Amen.*

Pièce d'orgue.

Un Père qui fait vivre

On peut placer un beau et gros pain sur l'autel ou sur une petite table.

I. Ouverture

1. Bénédiction d'ouverture

Unis à tous les membres de notre communauté paroissiale [communauté religieuse], unis à tous les croyants et les croyantes de notre diocèse, unis également à tous nos frères et sœurs dans la foi, bénissons Dieu, que nous appelons Seigneur et qui est Père, Fils et Esprit Saint.

— **Béni sois-tu, Seigneur!** (MNA 61.29; CFC p. 197)

— Père de Jésus Christ, créateur du ciel et de la terre, Père des pauvres et Père des humbles, béni sois-tu.

— Jésus Christ, Fils bien-aimé de Dieu le Père, pierre angulaire de l'Église et sauveur du monde, béni sois-tu.

— Esprit Saint, Esprit de force et d'unité, Esprit de douceur et de constance, souffle de Dieu sur le monde, béni sois-tu.

En implorant la présence du Père, du Fils et de l'Esprit, traçons en silence sur nous le signe de la croix.

2. Introduction à la célébration et au chant d'ouverture

Notre Dieu — le Dieu de Jésus Christ et le Dieu de tous les prophètes dont parle l'Écriture — est un Dieu de bonté qui donne la vie. Il nourrit ceux qui ont faim, il désaltère ceux qui ont soif. Autrefois, alors que son peuple cheminait dans le désert et qu'il avait soif, Dieu a demandé à Moïse de frapper le rocher. L'eau a jailli et tous ont eu à boire. Dans le désert encore, quand tous avaient faim, Yahvé a fait tomber la manne du ciel et tous ont eu à manger. Vraiment, le Dieu Père en qui nous croyons est un Dieu qui fait vivre. En reprenant les mots du psalmiste que tant de croyants ont chanté depuis des siècles, bénissons-le, car il est grand et il est bon.

3. Chant

PSAUME 103 (MNA p. 66)

— **Bénis le Seigneur, ô mon âme; Seigneur mon Dieu, tu es si grand!**

VV. 10-11-12 Dans les ravins tu fais jaillir des sources,
et l'eau chemine aux creux des montagnes;
elle abreuve les bêtes des champs:
l'âne sauvage y calme sa soif;
les oiseaux séjournent près d'elle:
dans le feuillage on entend leurs cris.

13-14 De tes demeures tu abreuves les montagnes,
et la terre se rassasie du fruit de tes œuvres;
tu fais pousser les prairies pour les troupeaux,
et les champs pour l'homme qui travaille.

14b-15 De la terre il tire son pain:
le vin qui réjouit le cœur de l'homme,
l'huile qui adoucit son visage,
et le pain qui fortifie le cœur de l'homme.

24 Quelle profusion dans tes œuvres, Seigneur!
Tout cela, ta sagesse l'a fait;
la terre s'emplit de tes biens.

27-28 Tous, ils comptent sur toi
pour recevoir leur nourriture au temps voulu.
Tu donnes: eux, ils ramassent;
tu ouvres la main: ils sont comblés.

OU

PEUPLES, CRIEZ DE JOIE (M 27; MNA 29.56; CN 2)
Ô PÈRE DES SIÈCLES ET DU MONDE (P 72; MNA 72.13)
SANS FIN, SEIGNEUR (P 200)

4. Prière d'ouverture

Père très bon et généreux,
en nous accueillant dans ta maison
tourne vers nous ton regard,
vois notre désir de nous approcher de toi
et de nous mettre à ton écoute.
Tu es la vie et tu es la lumière.
Près de toi rien ne nous manque,
loin de toi se creuse en nous la faim de te revoir
et de reposer en toi.
Viens vers nous, Père, et mets en nous ton Esprit
pour que notre prière nous ouvre à toi
et pour qu'elle soit un chant qui te rende grâce et te plaise.
Nous te le demandons par Jésus, le Christ, notre Seigneur.

Invitation à s'asseoir.

II. Première partie: Du pain et non des pierres

5. Introduction à la lecture

Tout au long de sa vie, Jésus s'est appliqué à révéler le visage de son Père à ses concitoyens. Jamais il ne ratait une occasion de leur parler de lui. En presque toute circonstance, il trouvait la façon d'orienter leur esprit et leur cœur vers lui.

En parlant de son Père, Jésus a souvent souligné qu'il convenait de se tourner vers lui et de l'implorer, afin de recevoir de lui ce qui est nécessaire à la vie. Voici, par exemple, ce qu'il leur dit un jour.

6. Lecture

MATTHIEU 5, 1-2; 7, 7-11

Quand Jésus vit la foule, il gravit la montagne.
Il s'assit, et ses disciples s'approchèrent.
Alors, ouvrant la bouche, il se mit à les instruire.
Il disait:
«Demandez et l'on vous donnera;
cherchez et vous trouverez;
frappez et l'on vous ouvrira.
Car quiconque demande reçoit;
qui cherche trouve; et à qui frappe on ouvrira.
Quel est d'entre vous
l'homme auquel son fils demandera du pain,
et qui lui remettra une pierre?
Ou encore, s'il lui demande un poisson,
lui remettra-t-il un serpent?
Si donc vous, qui êtes mauvais,
vous savez donner de bonnes choses à vos enfants,
combien plus votre Père qui est dans les cieux
en donnera-t-il de bonnes à ceux qui l'en prient!»

7. Réflexions

a) Rappelons-nous comment était notre père: cet homme de qui nous tenons la vie avec notre mère, cet homme qui nous a donné notre nom de famille. Rappelons-nous ses plus belles qualités; rappelons-nous les moments les plus beaux que nous avons vécus avec lui.

Ce qu'a été pour nous notre père, dans ce qu'il y avait de meilleur en lui, est une authentique image de ce qu'est pour nous le Père de Jésus Christ, qui est aussi notre père. Il faut cependant préciser le portrait, le peaufiner, car ce qu'était notre père n'est tout de même qu'un reflet de ce qu'est Dieu dans sa paternité.

b) Imaginons maintenant le père idéal qui pourrait exister sur terre. Voyons-le uniquement avec des qualités et sans aucun défaut. Voyons-le toujours de belle humeur, toujours disponible, toujours enjoué, toujours accueillant, serviable et bon. Ajoutons-lui tous les talents qu'un homme peut posséder. Donnons-lui la sagesse. Qu'il soit à la fois poète et habile de ses mains. Qu'il soit spirituel quand cela convient et grave quand cela s'impose. Eh bien, ce père idéal ne sera encore qu'un reflet de ce Dieu, qui est Père de Jésus Christ et qui est aussi notre Père.

Pour appliquer à Dieu les qualités de notre propre père et de tous les autres pères que nous connaissons, il faut en effet les multiplier par dix, par cent, par mille et même davantage. Car Dieu est infini! Son amour est infini, sa tendresse est infinie. Sa capacité de compréhension, son esprit de justice et de bienveillance, son esprit de compassion, sa sagesse, sa douceur, sa patience, tout en lui est infini, tout est divin.

c) On comprend alors que, lorsque quelqu'un demande du pain à ce Dieu-là, à ce Père-là, ce n'est pas des pierres qu'il reçoit, mais du pain. Du bon pain. Du pain fabriqué dans le cœur de Dieu.

Dieu, qui est notre Père, est donc un Dieu qui nous donne du pain. Ce pain-là nous fait vivre. Pensons à toutes les sortes de pain que Dieu nous donne pour nous faire vivre.

Temps de réflexion personnelle.

Le président peut ensuite inviter les membres de l'assemblée à s'exprimer sur la variété des pains que Dieu donne pour nourrir ceux qu'il aime.

Il terminera en faisant un résumé.

Dieu donne aux siens le pain de l'amitié. Amitié qui vient de Dieu lui-même. Amitié qui trouve aussi sa source dans l'amour que nous nous portons entre nous.

Parfois, Dieu donne aux siens le pain de l'épreuve. C'est ce pain-là qu'il a donné à son peuple qui marchait vers la terre promise. C'est aussi du pain de l'épreuve que Jésus s'est nourri durant ces quarante jours qu'il passa au désert, tenté par Satan. Il n'est donc pas étonnant que nous aussi, certains jours, nous soyons nourris du pain de l'épreuve.

Un autre pain que Dieu donne aux siens, c'est le pain de la Parole. Pain savoureux que ce pain-là, pain qui ne manque jamais.

Concernant le pain de la Parole, rappelons-nous ce magnifique passage de l'Écriture où nous voyons Dieu confier une mission au prophète Ézéchiel. Une fois cela fait, Dieu demande à son prophète de manger le Livre de la Parole. Il en aura besoin pour accomplir sa mission.

8. Lecture

ÉZÉCHIEL 2, 1-3; 8-10; 3, 1-3

Yahvé me dit:
«Fils d'homme, tiens-toi debout, je vais te parler.»
L'esprit entra en moi comme il m'avait été dit,
il me fit tenir debout
et j'entendis celui qui me parlait.
Il me dit:
«Fils d'homme, je t'envoie vers les Israélites,
vers les rebelles qui se sont rebellés contre moi. [...]
Fils d'homme, écoute ce que je vais te dire,

ne sois pas rebelle comme cette engeance de rebelles.
Ouvre la bouche et mange ce que je vais te donner.»
Je regardai, et voici qu'une main était tendue vers moi,
tenant un volume roulé.
Il le déploya devant moi:
il était écrit au recto et au verso;
il était écrit: «Lamentations, gémissements et plaintes.»

Yahvé me dit:
«Fils d'homme,
ce qui t'est présenté, mange-le;
mange ce volume et va parler à la maison d'Israël.»
J'ouvris la bouche et il me fit manger ce volume,
puis il me dit:
«Fils d'homme,
nourris-toi et rassasie-toi de ce volume que je te donne.»
Je le mangeai et, dans ma bouche,
il fut doux comme du miel.

Moment de réflexion personnelle.
Pièce musicale.

9. Textes d'auteurs

La Parole de Dieu est comme du pain, elle est du pain qui fait vivre. Il n'y a pas que l'eucharistie qui est un pain qui fait vivre, la Parole de Dieu en est un aussi. Cela a été affirmé très clairement au concile Vatican II dans le document qui traite de la révélation divine. Voici ce passage.

> L'Église a toujours vénéré les Écritures, comme elle l'a toujours fait aussi pour le corps même du Seigneur, elle qui ne cesse pas, surtout dans la sainte liturgie, de prendre le pain de vie sur la table de la Parole et sur celle du Corps du Christ pour l'offrir aux fidèles.
>
> *Constitution sur la Révélation*, nº 21.

Dieu notre Père nous nourrit donc en nous donnant le pain de sa Parole. Ce pain est si riche qu'on peut le comparer à celui de l'eucharistie; ce que quelques écrivains anciens avaient fait bien avant Vatican II. Voici, par exemple, ce qu'écrivait saint Jérôme, au Ve siècle.

> Pour moi, j'estime que l'Évangile est le corps du Christ et que les Saintes Écritures sont sa doctrine. Quand le Seigneur parle de manger sa chair et de boire son sang, cela peut s'entendre certes du mystère (de l'eucharistie). Cependant, son vrai corps et son vrai sang, ce sont (aussi) la Parole des Écritures et sa doctrine.
>
> *In Isaiam, Prologue* — *Corpus christianorum*, Series latina, t. 63, p. 1.

Et voici maintenant un texte du début du VIe siècle, écrit par saint Césaire d'Arles:

> Mes frères et sœurs, dites-moi; que croyez-vous plus important: la parole de Dieu ou le Corps du Christ? Si vous voulez répondre la vérité, vous devez certes me dire que la Parole de Dieu n'est pas moins importante que le Corps du Christ! Aussi, comme nous prenons soin, lorsque le Corps du Christ est distribué, de n'en laisser rien tomber à terre de nos mains, pareillement, nous devons prendre autant de soin de ne pas laisser échapper de notre cœur la Parole de Dieu qui nous est adressée.
>
> *Sermon 78.*

10. Acclamation

Merveilleuse est la Parole de Dieu. Elle est lumière, elle est vie. Elle est sagesse et elle est force. Elle est réconfort et elle est vérité. Acclamons-la.

Signe qui invite à se lever.

— **Ta Parole, Seigneur, est vérité et ta loi délivrance!** (MNA 33.21; LF nº 165)

Durant cette acclamation, une personne vient tenir une bible devant l'assemblée. Après la dernière acclamation, la bible est placée près du pain. Si possible, on projette une lumière spéciale sur le pain et le livre.

Entre chaque acclamation, on proclame un passage de l'Écriture.

— Ma parole, dit Dieu le Père, est comme la pluie et elle est comme la neige,
elle ne revient pas vers moi sans avoir arrosé la terre, sans avoir arrosé les cœurs,
elle ne me revient pas sans avoir fécondé la terre et l'avoir fait germer,
sans avoir fécondé les cœurs et sans leur avoir apporté la vie.

— Ta Parole...

— Ma parole, dit Dieu le Père, est comme un être vivant, elle est énergique et plus coupante qu'une épée à deux tranchants;
elle pénètre au plus profond de l'âme, jusqu'aux jointures et jusqu'aux moelles;
elle juge des intentions et des pensées du cœur, et ainsi elle apporte la vie.

— Ta Parole...

— Ma parole, dit Dieu, est comme une semence,
elle est mise en terre, elle est déposée dans les cœurs;
que ce soit le jour, que ce soit la nuit, ma parole exerce son travail au creux de la terre et au fond des cœurs.
Parfois elle donne du trente pour un,
et parfois elle donne du soixante pour un,
et, certaines fois, elle va jusqu'à donner du cent pour un.
Elle est vivante ma parole et elle donne la vie.

— Ta parole...

(Cf. Isaïe 55, 10-11; Hébreux 4, 12; Marc 4, 20.27.)

Invitation à s'asseoir.
Temps de réflexion personnelle.

III. Deuxième partie: Le Pain de l'eucharistie

11. Introduction à la lecture

Il y a le pain de la Parole que le Père nous donne. Et il y a cet autre pain qu'il nous donne aussi: le Pain de l'eucharistie, si riche, si plein de vie qu'il est en mesure de faire vivre éternellement. Rappelons-nous quelques paroles de Jésus à cet égard.

12. Lecture

JEAN 6, 27-35

Dans la synagogue de Capharnaüm, Jésus dit à la foule:
«Travaillez non pour la nourriture qui se perd,
mais pour la nourriture qui demeure en vie éternelle,
celle que vous donnera le Fils de l'homme,
car c'est lui que le Père, Dieu, a marqué de son sceau.»
Ils lui dirent alors:
«Que devons-nous faire pour travailler aux œuvres de Dieu?»
Jésus leur répondit:
«L'œuvre de Dieu, c'est que vous croyiez en celui qu'il a envoyé.»
Ils lui dirent alors:
«Quel signe fais-tu donc, pour qu'à sa vue nous te croyions?
Quelle œuvre accomplis-tu?
Nos pères ont mangé la manne dans le désert, selon ce qui est écrit:
Il leur a donné à manger du pain venu du ciel.»
Jésus leur répondit:
«En vérité, en vérité, je vous le dis,
non, ce n'est pas Moïse qui vous a donné le pain qui vient du ciel;
mais c'est mon Père qui vous le donne, le pain qui vient du ciel, le vrai;
car le pain de Dieu,
c'est celui qui descend du ciel et donne la vie au monde.»
Ils lui dirent alors:

«Seigneur, donne-nous toujours de ce pain-là.»
Jésus leur dit:
«Je suis le pain de vie.
Qui vient à moi n'aura jamais faim;
qui croit en moi n'aura jamais soif.»

13. Réflexions

a) Il existe une nourriture qui se perd: l'honneur, la gloire, les richesses, le succès, la puissance, le confort, la notoriété, la bonne réputation, l'autorité sur les autres. Rien de cela ne peut faire vivre éternellement. Tout sera laissé sur terre.

   «Un homme riche se disait: "Où vais-je mettre ma récolte?" Il se dit: "Je vais démolir mes greniers, en construire de plus grands." Dieu lui dit: "Tu es fou: cette nuit même, on te redemandera ta vie."» (Lc 12, 16...20)

b) Il existe une nourriture qui demeure éternellement, qui est capable de faire vivre toujours. Il s'agit d'un pain qui n'est pas que matériel; il s'agit d'un pain qui est quelqu'un.

   «Je suis le pain de vie», dit Jésus. «Je suis le pain qui fait vivre éternellement.» Il dit cela parce qu'il vient de Dieu, qui est éternel, parce qu'il communie entièrement à la vie de Dieu, qui est éternelle.

   Depuis le jour de sa résurrection, Jésus, avec son corps transformé par l'Esprit, est entré dans le Royaume éternel de Dieu, pour y vivre éternellement. Voilà pourquoi le pain qu'il donne est un pain capable de planter en nous de la semence d'éternité.

   Rien de vérifiable dans ces affirmations. C'est à croire ou à ne pas croire.

   «Beaucoup de ses disciples, qui avaient entendu, s'écrièrent: "Ce qu'il dit là est intolérable, on ne peut pas continuer à l'écouter!" À partir de ce moment, beaucoup de ses disciples s'en allèrent et cessèrent de marcher avec lui. Alors Jésus dit aux Douze: “Voulez-vous partir, vous aussi?” Simon-Pierre lui répondit: “Seigneur, vers qui pourrions-nous aller? Tu as les paroles de la vie éternelle.”» (Jn 6 60.66-67)

Question de foi!

c) À remarquer que le pain, source de vie éternelle, est un don du Père. C’est le Père qui a donné son Fils à l’humanité, c’est lui aussi qui donne le pain, qui est semence d’éternité dans les cœurs.

«Tu es béni Dieu de l’univers, toi qui nous donnes ce pain», dit le prêtre, en tenant le pain dans ses mains, quand il célèbre l’eucharistie. Le Dieu de l’univers dont il est question ici est le Dieu-Père dont Jésus nous a révélé l’existence. Le pain dont il est question est celui que nous avons nous-mêmes fabriqué à même les dons de Dieu notre Père.

Et le prêtre continue: «Nous te le présentons. Il deviendra le pain de la vie», le pain de la vie éternelle. Cette fois, c’est grâce à l’action du Père, dans la force de l’Esprit, que le pain, apporté par les hommes et les femmes que nous sommes, deviendra pain de Dieu, corps du Christ, pain de vie éternelle.

Il est grand le mystère de la foi!

Temps de réflexion.

On peut jouer ou faire entendre un chant eucharistique bien connu: par exemple TANTUM ERGO, ADORO TE DEVOTE.

14. Intercession

Prions Dieu, notre Père.

Père, donne-nous le pain qui fait vivre pour toujours:
le pain offert aux pauvres,
le pain offert aux croyants,
le pain plus savoureux et plus riche que la manne.

Père, donne-nous ton pain,
le pain qui donne le courage de répondre à tes appels,
le pain qui fait que l'on n'a plus jamais faim,
le pain qui nous donnera de ressusciter un jour.

Donne-nous, Père, le pain nouveau,
le pain qui nous rend frères, qui nous rend sœurs,
le pain qui fait de nous le corps de ton Fils,
le pain qui nous fera vaincre la mort.
Donne-nous le pain de la vie éternelle.

Père, donne-nous le pain,
le pain rompu le soir de la Cène,
le pain sur lequel ton Fils a rendu grâce et béni ton nom.
Donne-nous le pain brisé
qui a permis aux disciples d'Emmaüs
de découvrir le Ressuscité, vivant à leurs côtés.

Donne-nous le pain vivant,
le pain de l'amour,
le pain de la fraternité,
le pain du partage,
le pain qui nous fait membres de ton Église
et héritiers de ton Royaume.

Nous te le demandons par Jésus, le Christ, notre Seigneur.

Invitation à se lever.

15. Chant

Pain de Dieu, pain rompu (D 284; MNA 85.17; CN 3 p. 64)

IV. Conclusion

16. Envoi et louange trinitaire

Que Dieu notre Père nous bénisse et qu'il fasse de nous des témoins de son amour. — *Amen* (*chanté*).

Que l'Esprit du Dieu tout-puissant agisse en nous et nous garde unis dans la charité. — *Amen.*

Que le Christ Jésus nous accompagne à toute heure du jour et de la nuit, qu'il nous donne de marcher à sa suite, dans la paix et dans la joie. — *Amen.*

Loué soit Dieu qui est Père. — *Gloire à toi, Seigneur!*
(MNA 22.83)

Loué soit Dieu qui est le Fils du Père. — *Gloire...*

Loué soit Dieu qui est l'Esprit du Père et du Fils. — *Gloire...*

Pièce d'orgue.

Un Père qui pardonne

I. Ouverture

1. Salutation

Dieu, que l'Écriture appelle le Très-Haut et le Tout-Puissant, n'est pour nous ni un étranger ni un être lointain. Il est notre Père: Jésus nous l'a dit et nous le croyons.

Rendons gloire à Dieu, qui est notre Père.

— **Gloire à toi, Seigneur** (A 7; MNA 22.81)

— **Gloire à toi, dans les siècles** (D 94; MNA 61.30)

— **Gloire à toi, Seigneur, gloire à toi!** (CFC p. 62)

— Dieu, créateur de l'univers, toi qui es notre Père, nous te rendons gloire.

— Dieu tout-puissant de qui nous tenons la vie, toi que nous pouvons appeler Abba, nous te bénissons et nous te rendons gloire.

— Dieu d'Abraham, d'Isaac et de Jacob, Dieu qui es Père de Jésus Christ et qui es notre Père, nous te louons de tout cœur et nous te rendons gloire.

2. Introduction à la célébration et au chant d'ouverture

Si quelqu'un nous demande: «Qui est-il votre Dieu?», nous pouvons facilement lui répondre en nous référant à la Bible. Nous pouvons lui dire que notre Dieu est le vivant et qu'il ne cesse de donner la vie. Nous pouvons lui dire qu'il est le Dieu unique et que personne d'autre que lui n'est vraiment Dieu. Nous pouvons encore répondre que notre Dieu est un Dieu de bonté et non de colère, qu'il est un Dieu de paix et non un Dieu qui part à la guerre. Nous pouvons ajouter qu'il est notre refuge, notre soutien, notre libérateur et notre protecteur. Voilà ce que nous pouvons dire de notre Dieu, et beaucoup d'autres choses encore. Mais pour dire vraiment qui il est, il existe un mot qu'il ne faut pas oublier de prononcer: c'est le mot Père. Notre Dieu est un Père. Notre Dieu est notre Père et il est le Père de tous les vivants. Voilà ce qu'il faut dire à tout prix pour dire qui est Dieu.

Frères et sœurs, s'il nous est aujourd'hui possible de nous tenir devant Dieu et de l'appeler Père, c'est parce qu'un jour Jésus nous l'a révélé. Chantons le Christ qui nous a dit et nous redit encore que Dieu est notre Père.

3. Chant

JÉSUS CHRIST AU CŒUR DE NOTRE HISTOIRE (M. Dubé)

Couplets

1 Que ton nom soit connu sur notre terre...

2 Viens régner en nos cœurs et dans le monde...

7 Tout notre être s'incline en ta présence...

OU

JE SUIS PRODIGUE ET TU ES PÈRE (G 224)

BÉNI SOIT DIEU (Cantique de Tobie — AT 5)
(X 57; MNA 33.34)

Ô PÈRE (ALPEC 3 Carême)

4. Prière d'ouverture

Père de Jésus Christ,
Père juste et bon,

Père de tendresse et de miséricorde,
nous voici devant toi
pour entendre ta Parole nous redire qui tu es.
Mets en nous l'Esprit
qui ouvre les cœurs et les intelligences
à la connaissance de ce que tu as révélé à l'humanité.
Nous te le demandons par Jésus
qui demeure auprès de nous et qui vit près de toi,
pour les siècles des siècles.

Invitation à s'asseoir.

II. Première partie: Dieu est Dieu et non pas homme

5. *Introduction à la première lecture*

Dieu est père. Parce qu'il est père, il est amour. Un père qui n'aime pas n'est plus vraiment un père, même s'il en porte le nom.

Parce qu'il est un père qui aime, Dieu est aussi un père qui pardonne. Un père qui se montre incapable de pardonner ne peut prétendre être un père aimant. Souvent, l'Écriture parle de Yahvé qui pardonne. Nous allons entendre un texte célèbre à cet égard. Il est tiré du livre d'Osée. Il nous rappelle comment Dieu s'est comporté envers son peuple infidèle.

6. *Lecture*

OSÉE 11, 1-9

Quand Israël était enfant je l'ai aimé,
d'Égypte j'ai appelé mon fils.
Mais plus je les appelais, plus ils se sont détournés;
ils ont offert des sacrifices aux Baals,
ils ont fait fumer l'encens devant les idoles.
C'était moi, pourtant, qui apprenais à marcher à Éphraïm.
Je les prenais dans mes bras,

mais ils ne voyaient pas que je prenais soin d'eux.
Je les menais avec des liens humains, avec des liens d'amour;
j'étais pour eux comme celui qui soulève un nourrisson contre sa joue
et lui donne à manger.
Qu'ils retournent au pays d'Égypte!
L'Assyrie régnera sur eux puisqu'ils ont refusé de revenir vers moi.
L'épée se déchaînera dans ses villes et exterminera ses enfants; elle dévorera leurs forteresses.
Mon peuple est malade de son infidélité;
ce n'est pas Baal qui les relèvera s'ils font appel à lui.
Comment pourrais-je t'abandonner Éphraïm, ou te livrer, Israël?
Puis-je te traiter comme Adna
ou faire de toi ce que j'ai fait de Séboyim?
Mon cœur se fond en moi,
je suis ému au plus profond de moi-même.
Non, je ne laisserai pas déborder ma colère,
je ne détruirai pas de nouveau Éphraïm,
car je suis Dieu et non pas homme;
au milieu de toi je suis le Saint
et je ne viendrai pas pour détruire.

Bon moment de silence.

7. *Réflexions*

a) «Dieu est Dieu et non pas homme.» S'il était homme, Dieu ne pardonnerait pas autant. Il ne pardonnerait pas avec autant d'empressement, avec autant de profondeur et de sincérité. Il aurait souvent des réticences à pardonner. Mais il est Dieu! Son pardon dépasse donc de beaucoup le nôtre. Il est infini comme lui-même est infini.

b) Le pardon de Dieu est toujours un geste de pur amour. Il n'est guidé par aucun intérêt personnel. Il est tout empreint de bonté, de bienveillance, de tendresse. Il a quelque chose de maternel. Dieu, qui est père, ne pardonne pas seulement comme un père, mais aussi comme une mère.

c) Dieu qui pardonne fait aussi des menaces. Et parfois ses menaces se réalisent. Jamais cependant Dieu n'agit par vengeance. Son intention est plutôt de corriger celui qui a été fautif. En faisant sentir à son peuple sa misère, Dieu espère voir revenir vers lui celui qui se perd sur un chemin de traverse.

d) Dieu tient à chacun de nous comme il tenait autrefois à chaque membre de son peuple. «Je suis précieux, je suis précieuse aux yeux de Dieu et au cœur de Dieu»; voilà ce que chacun, chacune d'entre nous doit se dire. Si nous ne parvenons pas à prononcer ces quelques mots et à le faire en toute sincérité, alors Dieu n'est pas encore «notre Père», il n'est pas encore «mon Père». Si je suis convaincu que Dieu est «mon Père», je suis également convaincu qu'il est disposé à me pardonner.

Moment de réflexion personnelle.
Puis, invitation à se lever.

8. Acclamation

— **Béni sois-tu, Seigneur, Dieu de tendresse et d'amour** (MNA 63.13)

— Pour être un Dieu qui pardonne, ô Père, nous te bénissons.

— Pour être un Dieu qui pardonne avec tendresse, ô Père, nous te bénissons.

— Pour être un Dieu qui pardonne avec joie et avec empressement, ô Père, nous te bénissons.

— Pour être un Dieu qui pardonne sans se lasser, ô Père, nous te bénissons.

— Pour être un Dieu qui pardonne au riche et au pauvre, ô Père, nous te bénissons.

— Pour être un Dieu qui pardonne au petit et au grand, au faible et au fort, ô Père, nous te bénissons.

— Pour être un Dieu qui manifeste sa toute-puissance en pardonnant, ô Père, nous te bénissons.

— Pour être un Dieu qui recherche le pécheur afin de pouvoir lui pardonner, ô Père, nous te bénissons.

— Pour être un Dieu qui pardonne infiniment parce que tu aimes infiniment, ô Père, nous te bénissons.

9. Prière présidentielle

Fais-nous voir, Seigneur,
quelle est la hauteur, quelle est la largeur
et quelle est la profondeur de ton amour;
ainsi, nous saurons comment tu pardonnes
et comment tu guéris
et comment tu fais revivre.
Nous te le demandons par Jésus
qui a pardonné à ceux qui l'avaient mis à mort
et qui vit près de toi pour les siècles des siècles.

10. Chant

Par un soliste.
Si cela est impossible, une personne peut lire lentement les versets du psaume, sur fond sonore.

PSAUME 85 (MNA p. 50)

VV. 1-2 Écoute, Seigneur, réponds-moi,
Car je suis pauvre et malheureux.
Veille sur moi qui suis fidèle, ô mon Dieu,
sauve ton serviteur qui s'appuie sur toi.

3-4 Prends pitié de moi, Seigneur,
toi que j'appelle chaque jour.
Seigneur, réjouis ton serviteur:
vers toi, j'élève mon âme!

5-6 Toi qui es bon et qui pardonnes,
plein d'amour pour tous ceux qui t'appellent,
écoute ma prière, Seigneur,
entends ma voix qui te supplie.

7-8 Je t'appelle au jour de ma détresse,
et toi, Seigneur, tu me réponds.
Aucun parmi les dieux n'est comme toi,
et rien n'égale tes œuvres.

9-10 Toutes les nations, que tu as faites,
viendront se prosterner devant toi
et rendre gloire à ton nom, Seigneur,
car tu es grand et tu fais des merveilles,
toi, Dieu, le seul.

12-13 Je te rends grâce de tout mon cœur, Seigneur, mon Dieu,
toujours je rendrai gloire à ton nom;
il est grand, ton amour pour moi:
Tu m'as tiré de l'abîme des morts.

Moment de réflexion personnelle.

III. Deuxième partie: La parabole du Père prodigue

11. Introduction à la lecture

Le texte du livre du prophète Osée, qui nous a présenté Dieu comme un père qui pardonne, est célèbre. Un autre texte célèbre proclame le même message. On le trouve dans le Nouveau Testament. Le voici.

12. Lecture

LUC 15, 11-32

Un père avait deux fils.
Le plus jeune lui dit:
«Écoute, père, j'en ai assez de vivre ici.
Donne-moi mon héritage;
je veux aller faire ma vie ailleurs.»
Le père partagea son héritage entre ses deux fils.

Le plus jeune quitta donc la maison.
Très tôt, il se mit à faire des folies.
En un rien de temps, sa fortune lui glissa entre les doigts.
Un beau matin, il se retrouva sans un sou en poche.
Il chercha alors du travail.
Il ne trouva rien de mieux que de nourrir des cochons.
Il était descendu très bas.
Si bas qu'il trouvait que même les cochons étaient mieux nourris que lui.
Cela lui donna à réfléchir. Il se dit:
«Chez mon père, tout le monde mange à sa faim;
et moi je suis ici à mourir de faim.
Cela n'a pas de sens.
Je vais retourner chez mon père.
Je vais lui dire:
J'ai été fou de faire ce que j'ai fait.
Je me suis lourdement trompé et je t'ai profondément peiné.
Je ne suis pas digne d'être ton fils.
Accepte-moi comme un de tes ouvriers.»

Il prit la route pour revenir chez son père.
Le père le vit qui arrivait.
Il courut vers lui et, le cœur oppressé, les larmes aux yeux, il le serra fort contre sa poitrine et l'embrassa.
Le fils réussit à dire quelques mots.
«J'ai été un mauvais fils. Je ne suis pas digne de toi.»

Le père n'écoutait plus.
Il ne pensait plus qu'à une chose: organiser une fête.

Son fils était là devant lui.
Il le croyait perdu pour toujours et il était revenu.

La fête commença.
Les musiciens jouaient de bon cœur.
L'autre fils, le plus vieux des deux,
travaillait encore dans le champ.
Il se demandait ce qui se passait.
Il vint voir.
Son père lui dit:
«Quel beau jour. Ton frère est revenu! Viens fêter.»

Il refuse d'entrer.
Son père le supplie.
Il refuse quand même.
Il en a gros sur le cœur.
Lui, il a toujours travaillé à la ferme,
il n'a pas gaspillé son héritage
et on ne lui a jamais organisé de fête.

Son père essaie de le raisonner:
«Tu devrais comprendre.
C'est ton frère qui revient.
Je ne pouvais pas laisser passer cela inaperçu.
Toi, tu es toujours là
et tu sais jusqu'à quel point je t'apprécie,
jusqu'à quel point je t'aime.»

Mais il refusa d'entrer.

Pièce musicale.

13. Réflexions

a) Il se peut, certains jours, que nous nous reconnaissions dans le plus jeune des deux fils. Ces jours-là, nous ne sommes pas fiers de nous. Nous réalisons jusqu'à quel point nous sommes loin de vivre selon l'Évangile comme nous aimerions le faire. Nous nous découvrons faibles, lâches. Ces jours-là, il nous faut à tout prix penser à ce Père qui nous attend, qui nous espère, qui nous cherche, qui nous aime toujours, qui ne demande qu'à nous ouvrir ses bras et qui voudrait tant organiser une fête pour notre retour.

b) D'autres jours, c'est dans le visage du fils aîné que nous nous reconnaissons. La jalousie s'est installée en nous. Nous nous pensions généreux, et voilà que nous découvrons que nous ne le sommes pas toujours. Nous croyions avoir l'esprit ouvert et être très compréhensifs. Mais non, il nous arrive d'être mesquins, tatillons. Nous étions fiers de n'être pas comme ceux qui font le mal, comme ceux qui font des folies, mais voilà que nous découvrons en nous un cœur de pierre, un regard dur. Il y a de la haine en nous. Nous nous pensions très bons disciples du Christ. La vérité nous saute maintenant au visage: nous ne sommes pas meilleurs que bien d'autres et, comme tant d'autres, nous avons besoin d'être pardonnés, nous avons besoin d'apprendre à mieux aimer nos frères et à mieux aimer notre Père. Mais nous ne nous en rendions pas compte!

   Se rendre compte de ce que l'on est vraiment est une grâce.

c) Et puis, il y a ces jours où nous sommes invités à nous comporter comme le père de la parabole. C'est à nous de pardonner, c'est à nous d'ouvrir les bras, d'ouvrir notre cœur pour accueillir celui ou celle qui nous a blessés, qui nous a trahis, qui nous a exploités, qui nous a méprisés. C'est à nous d'aimer au point de pardonner. Et de le faire de tout cœur. Et de le faire avec joie. Accueillir et pardonner comme Dieu notre Père sait le faire, cela aussi est une grâce.

Temps de réflexion personnelle.

14. Prière présidentielle

Père,
apprends-nous à accueillir... comme toi,
apprends-nous à attendre le retour d'un enfant, d'un ami... comme toi.

Apprends-nous à ne désespérer de personne... comme toi,
apprends-nous à aimer... comme toi,
apprends-nous à pardonner... comme toi,
apprends-nous à savoir fêter le pardon,
celui que nous recevons de toi
et celui que nous accordons,
quand tu nous en donnes la force.

Nous te le demandons par Jésus,
qui a pardonné à ceux qui l'ont rejeté,
et qui s'est ainsi mérité de vivre auprès de toi,
dans la gloire,

pour les siècles des siècles.

Moment de silence.

15. Texte d'auteur

L'exégète Jacques Guillet a écrit ceci.

À la source de la sensibilité humaine de Jésus, du mouvement qui le projette à la rencontre de tout ce qui souffre et qui le lance à la recherche de tout ce qui se perd, pécheurs et publicains, enfants prodigues et prostituées, il y a la passion jalouse du Père pour son œuvre, son anxiété pour les périls qu'elle court, son émotion tremblante à retrouver, après tant d'angoisses, le fils méconnaissable, mais vivant.

C'est la sensibilité humaine de Jésus qui a inventé les Paraboles de l'enfant prodigue et de la brebis perdue; mais elle ne les a inventées qu'en fixant le Père, «car le Fils ne peut faire de Lui-même rien qu'il ne voie faire au Père...» Tout ce que le Père trouvait de joie et de fierté dans l'amour de son Fils unique, voici qu'Il le trouve maintenant, aussi pur et aussi total, dans la vie et dans la mort d'un homme, en son Fils incarné. En Jésus-Christ, et en tous ceux qui vivent de son Esprit, l'humanité retrouvée donne au Père sa joie divine; elle comble son attente; en Lui, toute la création réussit. Réussite parfaitement simultanée, de Dieu et de l'homme. La joie de Jésus-Christ, de cet homme accueilli par son Père, à son dernier soupir, la joie de tous ceux qui meurent dans le Seigneur, c'est la joie même de Dieu devenue la joie de notre humanité, joie pour laquelle nous sommes faits, joies de notre cœur et de notre chair assumées par le Christ.

Jacques Guillet, *Jésus-Christ dans notre monde*, Desclée de Brouwer, 1974. Cité dans *Parole de Dieu, langage des hommes*, tome 1, Éd. de l'Atelier/Éd. Ouvrières, 1996, 147 p.

16. Chant

Par un soliste.
Si cela est impossible, une personne peut lire lentement les versets du psaume, sur fond sonore.

PSAUME 31 (MNA p. 22)

VV. 1-2 Heureux l'homme dont la faute est enlevée,
et le péché remis!
Heureux l'homme dont le Seigneur ne retient pas l'offense,
dont l'esprit est sans fraude!

3-4a Je me taisais et mes forces s'épuisaient
à gémir tout le jour:
ta main, et le jour et la nuit,
pesait sur moi.

4b-5a Ma vigueur se desséchait
comme l'herbe en été.
Je t'ai fait connaître ma faute,
je n'ai pas caché mes torts.

5b J'ai dit: «Je rendrai grâce au Seigneur
en confessant mes péchés.»
Et toi, tu as enlevé l'offense de ma faute.

7 Tu es un refuge pour moi,
mon abri dans la détresse;
de chants de délivrance,
tu m'as entouré.

OU

JE ME LÈVERAI (U 52)

Temps de silence.

IV. Conclusion

17. Prière de conclusion

Nous récitons souvent le Notre Père: prière merveilleuse au cœur de laquelle nous osons dire à Dieu «pardonne-nous nos offenses, comme nous pardonnons aussi à ceux qui nous ont offensés». En prononçant ces mots, nous ne sommes pas naïfs: nous savons bien que la hauteur du pardon divin dépasse infiniment celle de notre propre pardon. Mais cette formulation du Notre Père nous rappelle la nécessité d'adopter les mœurs de Dieu lui-même. «Soyez parfaits comme votre Père céleste est parfait», a dit Jésus (Mt 5, 48). Idéal inaccessible, qui dit cependant jusqu'à quel point Dieu désire nous faire communier à sa vie. N'avons-nous pas été créés à son image et à sa ressemblance? Lentement, en tendant les mains vers Dieu, notre Père, disons ensemble:

Notre Père...

18. Bénédiction

Que Dieu le Père nous [vous] protège et qu'il nous [vous] garde dans la paix. — *Amen* (*chanté ou récité*).

Qu'il soit notre [votre] joie et notre [votre] lumière, qu'il soit notre [votre] refuge et notre [votre] réconfort. — *Amen.*

Qu'il nous [vous] donne d'oser pardonner comme lui-même pardonne; ainsi le monde sera transformé. — *Amen.*

Bénissons le Seigneur. — *Nous rendons grâce à Dieu.*

19. Chant

On peut terminer en reprenant le chant du début:

JÉSUS CHRIST AU CŒUR DE NOTRE HISTOIRE (M. Dubé)

Couplets

3 Réalise en nos cœurs ce que tu aimes...

5 Nous voulons pardonner comme toi-même...

Un Père reconnu dans le Fils

Placer dans le chœur une affiche ou une peinture bien éclairée sur laquelle est représenté un soleil resplendissant.

I. Ouverture

1. Salutation

En traçant lentement sur nous le signe de la croix, reconnaissons que nous sommes fils et filles de Dieu: *Au nom du Père...*

Que Dieu notre Père et Jésus Christ notre Seigneur nous [vous] donnent la grâce et la paix. — *Béni soit Dieu, maintenant et toujours!*

2. Introduction à la célébration et au chant d'ouverture

Dieu est Dieu. Il est le Très-Haut et il est le Tout-Puissant. Il est créateur du ciel et de la terre, et il est Père. Il est notre Père. Il est notre Père parce qu'il est d'abord le Père de Jésus Christ, et parce que nous sommes devenus frères et sœurs de Jésus Christ.

Au début de notre célébration, acclamons Dieu notre Père, reconnaissons sa sainteté et son amour.

3. Chant

TU ES SAINT (T. & M. Claude Duchesneau, extrait de la messe Tous les peuples, dans *Choristes,* mai 1986, nos 82-83, p. 18)

— **Tu es saint...**

Récité Tu es le Dieu saint et le Dieu grand.
Tu es le Dieu d'Abraham, d'Isaac et de Jacob.
Tu es un Dieu qui libère et qui fait revivre.
Dieu, notre Père, nous t'acclamons.

— **Tu es saint...**

Récité Tu es le Dieu des prophètes et le Dieu des sages.
Tu es le père des pauvres et le père de ton peuple.
Tu es un Dieu qui fait miséricorde et qui apporte la paix.
Dieu, notre Père, nous t'acclamons.

— **Tu es saint...**

Récité Tu es un Dieu qui veut la paix et non la guerre.
Tu es un Dieu qui veut l'amour et non la haine.
Tu es le Dieu de Jésus Christ.
Dieu, Père de Jésus Christ et notre Père, nous t'acclamons.

— **Tu es saint...**

4. Prière d'ouverture

Dieu très bon,
nous voici devant toi,
comme des enfants devant leur père.
Fais-nous voir ton visage et nous le contemplerons,
fais-nous entendre ta voix et nous célébrerons ta sagesse,
indique-nous les chemins qui vont vers toi
et, avec ta grâce, nous marcherons à ta rencontre.
Nous te le demandons par Jésus, ton Fils et notre frère,
qui demeure auprès de nous sur terre
et avec toi dans le Royaume des cieux,
pour les siècles des siècles.

Invitation à s'asseoir.

II. Première partie: Celui que personne ne peut voir

5. *Introduction à la première lecture*

Quand nous connaissons et aimons quelqu'un, nous désirons voir son visage. Il en est ainsi avec Dieu. Très spontanément, quand on croit en lui et quand on l'aime, on souhaite le rencontrer de très près et très intimement. On aspire à se tenir face à face devant lui et à contempler sa gloire. Mais cela ne va pas de soi. L'Écriture nous apprend que peu de gens ont vu Dieu face à face et que personne, parmi eux, ne l'a vu dans toute sa gloire. Chose impossible, car ici-bas, dit l'Écriture, nul ne saurait voir Dieu dans toute sa gloire sans mourir. Écoutons à ce sujet un très bel épisode qui met Moïse en scène.

6. *Lecture*

EXODE 33, 7-11a

À chaque étape qui conduisait le peuple vers la terre promise,
Moïse prenait la Tente et la plantait hors du camp,
à bonne distance.
On l'appelait: «tente de la Rencontre»,
et tout homme qui voulait consulter le Seigneur
devait sortir du camp pour gagner la tente de la Rencontre.
Quand Moïse sortait pour aller à la Tente,
tout le monde se levait.
Chacun se tenait à l'entrée de sa tente
et suivait Moïse du regard jusqu'à ce qu'il fût entré.
Au moment où Moïse entrait,
la colonne de nuée descendait, se posait à l'entrée de la Tente,
et Dieu s'entretenait avec Moïse.
Tout le peuple voyait la colonne de nuée
qui restait à l'entrée de la Tente,
tous se levaient et se prosternaient,
chacun devant sa tente.

Le Seigneur s'entretenait avec Moïse face à face,
comme on s'entretient d'homme à homme.

7. *Réflexions*

a) Moïse est seul à se trouver en présence de Dieu sous la tente des rencontres. Les autres membres du peuple sont conscients de ce qui se passe, mais ils ne voient pas Dieu face à face. Ils perçoivent sa présence à travers un signe: la nuée.

Il en est toujours ainsi, Dieu se sert de signes et il fait appel à des intermédiaires pour parler au monde et aux membres de son peuple qui est l'Église.

Il parle aussi au cœur de chacun, dans le silence de la prière et de la contemplation.

b) La rencontre entre Dieu et Moïse se fait face à face, d'homme à homme. Mais Moïse ne voit pas Dieu dans toute sa splendeur. Cela le déçoit. Aussi fait-il un jour une demande à Dieu.

8. *Suite de la lecture*

EXODE 33, 18-23

Un jour, Moïse dit au Seigneur:
«Je t'en prie, laisse-moi contempler ta gloire.»
Dieu répondit:
«Je vais passer devant toi avec toute ma splendeur,
et je prononcerai devant toi mon nom
qui est: YAHVÉ LE SEIGNEUR.
Je fais grâce à qui je veux,
je montre ma tendresse à qui je veux.»
Il dit encore:
«Tu ne pourras pas voir mon visage,
car on ne peut pas me voir sans mourir.»
Le Seigneur ajouta:
«Voici une place près de moi,

tu te tiendras sur le rocher;
quand passera ma gloire,
je te mettrai dans le creux du rocher
et je t'abriterai de ma main jusqu'à ce que j'aie passé.
Puis je retirerai ma main,
et tu me verras de dos,
mais mon visage, personne ne peut le voir.»

9. *Réflexions*

a) Récit savoureux, mais à ne pas prendre au pied de la lettre. Son intention profonde est de signifier quelle distance existe entre Dieu et sa créature. Dieu est saint — il est trois fois saint; ses créatures ne le sont pas; elles sont faibles, limitées, pécheresses. Elles sont des créatures!

Dieu n'est que lumière — lumière flamboyante, aveuglante, dévorante; ses créatures ne sont pas que lumière. Elles sont faites de lumière et d'ombre. Trop de lumière ne peut que les aveugler, les dévorer. C'est pourquoi personne sur terre ne peut voir le visage de Dieu sans mourir.

b) Ce qui ne signifie pas que Dieu soit inaccessible et qu'on ne puisse rien connaître de lui. Au contraire, Dieu se manifeste, principalement par ses œuvres et par des gens à qui il demande de parler en son nom.

c) Personne n'a de droit sur Dieu. Personne ne peut commander à Dieu. Personne ne peut mettre Dieu à son service. «Je fais grâce à qui je veux, dit Dieu; je montre ma tendresse à qui je veux.» Heureux ceux et celles à qui Dieu se révèle, à qui il dit son nom.

d) Son nom est Yahvé, c'est-à-dire celui qui existe de toute éternité, celui qui est au-dessus de tout, celui qu'aucun nom venu de la terre ne peut nommer adéquatement, celui qui n'abandonne jamais ceux qui l'accueillent, celui qui est éternellement fidèle à ce qu'il est.

Son nom est Yahvé, son nom est Seigneur. Le mot Seigneur est la traduction, en grec, du mot Yahveh. Dans le monde romain, on a utilisé le mot seigneur pour désigner l'empereur. Dieu est l'empereur des empereurs. Il est au-dessus de tout, il est plus grand que tous.

e) Grandeur de Dieu! Magnificence de Dieu! Transcendance de Dieu! Sainteté de Dieu! Acclamons le Dieu trois fois saint que personne, sur terre, ne peut voir dans toute sa gloire sans mourir.

Invitation à se lever.

10. Acclamation

TU ES SAINT (T. & M. Claude Duchesneau, extrait de la messe Tous les peuples, dans *Choristes,* mai 1986, n°s 82-83, p. 18)

— **Tu es saint...**

— Tu es Yahvé, tu es le Seigneur des seigneurs, tu es l'Éternel et le Tout-Puissant.
Dieu, notre Père, sois béni et sois glorifié.

— **Tu es saint...**

— Tu es le Juste, tu es le Sage des sages, tu es le Vivant, tu es la source de toute vie; la vie et la mort reposent entre tes mains.
Dieu, notre Père, sois béni et sois glorifié.

— **Tu es saint...**

— Tu es l'Alpha et tu es l'Oméga, tu es le début et tu es la fin de tout, tu es là quand tout commence et tu es là quand tout s'achève, rien ne subsiste hors de toi.
Dieu, notre Père, sois béni et sois glorifié.

— **Tu es saint...**

— Tu es au-delà des jours, tu es au-delà des nuits, mille ans ne sont pour toi que comme un jour, tu es celui qui est, tu es Yahvé, tu es le Seigneur.

Dieu, notre Père, sois béni et sois glorifié.

— **Tu es saint...**

Invitation à s'asseoir.
Pièce musicale.
Durant ce temps, une personne vient placer un visage de Jésus devant le cadre qui représente un soleil.

III. Deuxième partie: L'Éternel manifesté en Jésus

11. Introduction à la lecture

Dieu, personne ne pouvait le voir sur terre; jamais personne n'a donc vu son visage, jusqu'au jour où il s'est manifesté dans la personne de son Fils, Jésus.

Saint Jean le dit dès le début de son évangile.

«Au commencement était le Verbe,
et le Verbe était auprès de Dieu,
et le Verbe était Dieu.
Et le Verbe s'est fait chair
et il a habité parmi nous,
et nous avons vu sa gloire:
la gloire que seul un Fils Unique peut recevoir du Père:
en lui tout était don d'amour et vérité.» (Jn 1, 1.14)

Qui a vu Jésus a vu le Père; qui voit Jésus voit le Père. Voilà une grande révélation clairement proclamée dans l'évangile de Jean. Non seulement au début de l'évangile, mais aussi dans ce célèbre dialogue de Jésus avec les apôtres Thomas et Philippe.

12. Lecture

JEAN 14, 6-11

Jésus dit à Thomas:
«Je suis le chemin, la vérité et la vie.
Personne ne peut aller au Père sans passer par moi.

Si vous me connaissez, vous connaîtrez aussi le Père.
D'ailleurs, dès maintenant vous le connaissez et vous l'avez vu.»
Philippe lui dit:
«Seigneur, montre-nous le Père et cela nous suffit.»
Jésus lui dit:
«Philippe, j'ai été si longtemps avec vous
et tu ne me connais pas encore?
Celui qui m'a vu, a vu le Père.
Comment peux-tu dire: Montre-nous le Père?
Ne crois-tu pas que je suis dans le Père,
et que le Père est en moi?
Tout l'enseignement que je vous ai donné ne vient pas de moi,
mais le Père demeure en moi pour accomplir ses propres œuvres.
Je suis dans le Père et le Père est en moi;
faites-moi confiance en cela,
ou sinon, croyez-le à cause des œuvres.»

Moment de silence.

13. Texte d'auteur

Voici comment trois auteurs — Jean Landier, François Pécriaux et Daniel Pizivin — commentent ce passage de Jean que nous venons d'entendre.

On comprend que Jésus seul soit la «route» puisqu'il porte en lui le mystère du Dieu que nous cherchons.

Par son intercession, Philippe va permettre de préciser ce point. Il comprend désormais, mieux que Pierre ou Thomas, que Jésus nous achemine vers le Père, et il a hâte de «connaître le Père», comme tant de chrétiens de la communauté johannique. Jésus renvoie son disciple à tout ce qu'il a vécu depuis le commencement de sa relation avec lui: «Depuis si longtemps que je suis avec vous, tu ne me connais pas, Philippe?»

«Qui m'a vu, a vu le Père». Tout l'Évangile est à relire d'après cette phrase qui rappelle le Prologue [de l'évangile de Jean]. Les faits et gestes de Jésus sont image, parabole, révélation, Parole du Père. «Qui donc est Dieu?» se demande le croyant. La réponse de Jean est simple: regarde Jésus de Nazareth. Dans la première lettre il précise: «Qui nie le Fils ne possède pas non plus le Père, qui confesse le Fils possède aussi le Père». Et dans la deuxième: «Quiconque va plus avant et ne demeure pas dans la doctrine du Christ ne possède pas Dieu. Celui qui demeure dans la doctrine, c'est lui qui possède le Père et le Fils».

Voir Jésus, c'est aussi entendre sa parole. Reconnaître dans sa parole la parole du Père. Avoir foi en lui, c'est indissociablement agir. Agir comme lui. Jésus nous dit même qu'il va nous permettre de «faire des œuvres plus grandes que les siennes». Quelles sont ces «œuvres de Jésus»? Guérir le paralysé de Béthesda, guérir l'aveugle, ressusciter Lazare. Ces gestes de guérison ou de résurrection sont à la fois des «œuvres» et des «signes». Mais il nous faut certainement élargir; les «œuvres de Jésus», c'est de faire la volonté du Père: «Le Fils ne fait rien qu'il ne voie faire au Père».

> Jean Landier, François Pécriaux, Daniel Pizivin, *Voici l'homme*, Éd. de l'Atelier/Éd. Ouvrières, 1990, cité dans *Parole de Dieu, langage des hommes*, tome 1, Éd. de l'Atelier/Éd. Ouvrières, 1996, p. 122.

14. *Écho au commentaire*

a) Jésus est l'icône du Père. En le voyant agir, c'est le Père que nous voyons agir. En l'entendant parler, ce sont des paroles du Père que nous entendons. En Jésus Christ, Dieu le Père s'est donné un visage.

b) Rappelons-nous quelques scènes de l'Évangile: Jésus qui guérit l'aveugle-né, Jésus qui se tient près de la femme adultère, Jésus qui rencontre la Samaritaine, Jésus qui s'invite à aller manger chez Zachée, Jésus chez Marthe et Marie, Jésus qu'on vient de prévenir de la mort de son ami Lazare, Jésus qui interpelle le jeune homme riche. À partir de ces événements, nous pouvons dessiner le visage de Jésus. Ce visage est aussi celui de son Père.

c) Dans l'évangile de Jean, au chapitre huitième, verset vingt-sixième, Jésus dit ceci: «Celui qui m'a envoyé dit la vérité, et c'est de lui que j'ai entendu ce que je dis pour le monde.» Puis Jean ajoute: «Ils ne comprirent pas qu'il leur parlait du Père.»

   Au chapitre douzième, verset quarante-neuvième, Jésus dit ceci: «Ce que j'ai dit ne vient pas de moi: le Père lui-même, qui m'a envoyé, m'a donné son commandement sur ce que je dois dire et déclarer.»

   Au chapitre cinquième, verset dix-neuvième, Jésus déclare: «Amen, amen, je vous le dis: le Fils ne peut rien faire de lui-même, il fait seulement ce qu'il voit faire par le Père; ce que fait celui-ci, le Fils le fait pareillement.»

   Au chapitre septième maintenant, verset sept, Jésus prie son Père en lui disant: «Père, j'ai fait connaître ton nom aux hommes.» Dans la Bible, le nom désigne la personne. Faire connaître le nom de quelqu'un, c'est donc faire connaître, c'est révéler, c'est manifester qui il est.

d) Poursuivons notre lecture de l'Évangile. Voyons Jésus le soir de la Cène, voyons-le à Gethsémani, voyons-le au moment où Judas le trahit, où tous ses disciples s'enfuient, où Pierre le renie. Voyons-le devant Caïphe, puis devant le Sanhédrin, voyons-le devant Pilate, voyons-le qui porte sa croix, voyons-le cloué sur la croix. Jésus cloué sur la croix, voilà l'image la plus forte du visage de Dieu qui est notre Père.

Moment de réflexion personnelle.

15. Intercession

Aujourd'hui comme autrefois, Jésus vient nous révéler le visage de son Père. Que nos yeux soient ouverts, que nos cœurs soient attentifs à discerner sa présence.

Répons récité:

— **Dieu notre Père, fais-nous voir ton visage**

Répons chanté:

— **Écoute nos prières! Seigneur, exauce-nous** (MNA 24.51)

— **Dieu de tendresse, souviens-toi de nous** (Y 55-6; MNA 33.33)

— Quand des pauvres sont nourris, quand des malades sont soulagés et guéris, fais-nous voir, Dieu notre Père, que ton Fils est à l'œuvre et qu'il nous dévoile ton visage: nous t'en prions.

— Quand des pardons sont accordés, quand des étrangers sont accueillis, quand des ennemis se tendent la main, fais-nous voir que Jésus est là au milieu de nous et qu'il nous parle de toi: nous t'en prions.

— Quand des armes sont déposées, quand l'un de nous renonce à la vengeance, quand un père et une mère donnent leur vie pour ceux qu'ils aiment, fais-nous voir, Seigneur, que ton Fils est à l'œuvre en eux et qu'il nous montre ton visage: nous t'en prions.

— Quand des enfants sont adoptés, quand des handicapés sont accueillis et aimés, quand des prisonniers sont respectés, fais-nous voir, Seigneur, que ton Fils est là qui agit et qu'il nous dévoile ton visage: nous t'en prions.

— Quand des hommes et des femmes annoncent l'Évangile par toute leur vie, quand des jeunes abandonnent tout pour ton Royaume, quand au loin des missionnaires sont passés par les armes, fais-nous voir que ton Fils ne nous a pas abandonnés et qu'il est toujours là au milieu de nous pour nous dire qui tu es et pour nous montrer les traits de ton visage: nous t'en prions.

Moment de silence.
Invitation à se lever pour le chant final.

IV. Conclusion

16. Chant

NUL N'A JAMAIS VU DIEU (L 195; MNA 46.23; CN 4 p. 226)

DIEU, NOUS AVONS VU TA GLOIRE (F 64; MNA 82.13)

PUISQU'IL EST AVEC NOUS (P 79; MNA 46.24)

17. Prière de conclusion

Dieu très bon,
demeure auprès de nous et garde-nous dans ton amour.
Accorde-nous de te voir
partout où tu viens à notre rencontre.
Garde-nous attentifs et sensibles
à ceux qui ont faim, à ceux qui ont soif,
à ceux qui sont pour nous des étrangers,
à ceux qui sont malades, à ceux qui sont en prison,
à ceux qui sont mal vêtus,
car à travers eux, c'est ton Fils qui vient vers nous
et c'est toi qui t'offres à nous.
Oui, Seigneur notre Père,
fais que tout près de nous,
en ceux et celles qui nous entourent,
nous découvrions ton visage.
Nous te le demandons par Jésus,
qui est l'image de ta gloire,
maintenant et pour les siècles des siècles.

18. Bénédiction

Gloire à Dieu qui est Père. — *Amen* (*chanté*).

Gloire au Fils, qui est l'icône du Père. — *Amen.*

Gloire à l'Esprit, révélateur du Père et du Fils. — *Amen.*

En traçant le signe de la croix sur soi ou sur l'assemblée.

Que le Tout-Puissant nous [vous] bénisse, le Père, le Fils, et l'Esprit Saint.

Allons [allez] dans la paix et dans la joie du Christ.

Un Père que l'on prie

I. Ouverture

1. Introduction à la célébration et au chant d'ouverture

Frères, sœurs, conscients que Jésus est déjà au milieu de nous, puisque nous sommes réunis en son nom, efforçons-nous de nous tenir en silence devant Dieu, car c'est dans le silence que Dieu se plaît à venir à notre rencontre. Que nos yeux, que nos membres, que tout notre corps se tienne en silence. Que notre esprit se mette en silence. Que notre cœur surtout se taise pour accueillir le Père, le Fils et l'Esprit Saint.

Moment de silence.

Le Père existe et il nous aime. Nous le croyons et nous voulons répondre à son amour.

Le Fils existe et il nous entraîne dans sa Pâque. Nous le croyons et nous consentons à marcher à sa suite.

L'Esprit existe et il vient en nous, nous le croyons. Sans lui, nous ne connaîtrions pas le Christ et nous ne pourrions pas prier le Père.

Au début de notre célébration, louons le Dieu vivant, louons le Père, le Fils et l'Esprit Saint.

2. *Chant*

LOUANGE AU DIEU VIVANT (L 80; MNA 82.18)

Couplets

1 Louange au Dieu vivant! Au Père, par le Fils...
2 Nous t'adorons, Seigneur! Ô Père tout-puissant...
7 Nous t'acclamons, Seigneur! Pour l'homme, ton enfant...
9 Honneur à toi, Jésus! Ô Verbe du Seigneur...
10 Nous te louons, Jésus! Ô Fils libérateur...
12 Louange à Toi, Jésus! En toi ressuscité...
17 Gloire à l'Esprit de Dieu! Au Souffle créateur...
18 Gloire à l'Esprit vainqueur! Il chante par nos voix...
19 Gloire à l'Esprit d'amour! Son feu vient ranimer l'amour...

3. *Prière d'ouverture*

C'est une joie pour nous de te louer, Dieu très-haut.
Nous aimons le faire en notre nom,
au nom de l'Église et au nom de l'humanité entière.
Que nos voix, unies à toutes celles de tes enfants,
ne cessent de proclamer que tu es un Dieu bon
et que tu ne cesses d'accomplir au milieu de nous
des merveilles
pour qu'advienne ton Royaume.
Sois donc loué, ô Père,
sois loué et glorifié partout sur terre,
dès maintenant et pour les siècles des siècles.

Invitation à s'asseoir.

II. Première partie: Jésus en prière

4. *Introduction à quelques textes scripturaires*

Si Dieu existe vraiment, s'il est quelqu'un et s'il s'intéresse à nous, il est alors évident qu'il peut communiquer avec nous et que nous pouvons communiquer avec lui. Nous pouvons lui parler, le prier, lui rendre grâce. Nous pouvons aussi nous tenir très simplement en sa présence et le contempler; comme le jeune Samuel, nous pouvons également lui dire: «Parle, Seigneur, ton serviteur écoute.» (1 S 3, 9)

Jésus nous a donné l'exemple de ce dialogue que nous pouvons nouer avec Dieu. À plusieurs reprises — et les évangiles insistent sur ce point —, Jésus se réservait du temps pour prier. Il ne manquait jamais une occasion de prier. À lire les évangiles, on le voit clairement: la prière a occupé une place de choix dans toute la vie de Jésus.

Jésus pouvait prier en tout lieu et en toute circonstance. Il a prié au Temple, il a prié à la synagogue. Il a prié sur les routes. Il priait le matin, comme le faisaient tous les juifs. Il priait aussi le soir et, souvent, il priait durant la nuit; les évangiles le notent à quelques reprises. Mais ce qu'ils notent surtout, c'est que Jésus aimait se retirer dans un lieu tranquille pour prier.

«Au matin, avant qu'il fît jour, écrit saint Luc, Jésus se leva et s'en alla dans un lieu désert; là, il pria.» (4, 42)

Autre texte de saint Luc: «On parlait de lui de plus en plus. De grandes foules accouraient pour l'entendre et se faire guérir de leurs maladies. Mais lui se retirait dans les endroits déserts, et il priait.» (5, 16)

C'est encore saint Luc qui prend soin de nous présenter Jésus qui entre en prière, chaque fois que survient un événement de grande importance dans sa vie. Voici, par exemple, comment Luc décrit le baptême de Jésus.

> Comme tout le peuple se faisait baptiser et que *Jésus priait*, après avoir été baptisé lui aussi, alors le ciel s'ouvrit. L'Esprit Saint descendit sur Jésus, sous une apparence corporelle, comme une colombe. Du ciel une voix se fit entendre: «C'est toi mon Fils: Moi, aujourd'hui, je t'ai engendré.»
> (Lc 3, 21-22)

Même précision concernant la prière, quand Jésus est transfiguré:

Jésus prit avec lui Pierre, Jean et Jacques, et il alla sur la montagne pour prier. *Pendant qu'il priait*, son visage apparut tout autre, ses vêtements devinrent d'une blancheur éclatante. (Lc 9, 28-29)

Si Jésus aimait prier seul, dans le silence et à l'écart de la foule, il invitait aussi ses disciples à prier avec lui. Saint Luc le mentionne quand il raconte l'événement de la Transfiguration: «Jésus prit avec lui Pierre, Jean et Jacques, écrit-il, et il alla sur la montagne pour prier. Pendant qu'il priait, son visage apparut tout autre, ses vêtements devinrent d'une blancheur éclatante.» (9, 28)

Nous savons aussi comment Jésus, au mont des Oliviers, a invité ses disciples à prier en veillant avec lui. «Priez, leur a-t-il dit, pour ne pas entrer en tentation.» (Lc 22,41)

Jésus priait donc souvent. La prière faisait partie de son existence quotidienne. Il n'aurait pas pu vivre, il n'aurait surtout pas pu accomplir sa mission sans elle. Mais qui Jésus priait-il? Et comment priait-il? Il nous importe de pouvoir répondre à ces questions, car, concernant la prière, comme en toute autre chose, Jésus est notre modèle, notre inspiration, notre guide. Nous avons à prier comme il a lui-même prié. Nous avons à prier son Père — car c'est à son Père que Jésus adressait ses prières — comme il l'a fait lui-même. Écoutons donc quelques versets des évangiles qui nous parlent de Jésus en prière.

5. *Textes scripturaires*

La personne qui préside ou dirige la célébration introduit les textes; une autre les proclame.

Quand Jésus priait son Père, il lui adressait souvent des demandes, mais il lui adressait aussi des louanges, des bénédictions et des actions de grâce. Voici quelques textes qui nous le disent.

Luc 10, 17.20-21

Les soixante-douze disciples revinrent tout joyeux:
«Seigneur, disaient-ils, on prononçait ton nom,

et même les démons nous étaient soumis!»
Jésus leur dit:
«[...] S'il faut vous réjouir,
ce n'est pas parce que les démons vous sont soumis;
réjouissez-vous de ce que vos noms sont inscrits dans les cieux.»
À ce moment, Jésus exulta de joie sous l'action de l'Esprit Saint, et il dit:
«Père, Seigneur du ciel et de la terre, je proclame ta louange:
ce que tu as caché aux sages et aux savants,
tu l'as révélé aux tout-petits.
Oui, Père, tu l'as voulu ainsi dans ta bonté.»

Moment de silence.

Jésus prononcera de nouveau une prière de louange et d'action de grâce avant que son ami Lazare sorte de son tombeau.

Jean 11, 38...48

Jésus arriva au tombeau.
Il dit: «Enlevez la pierre.»
Marthe, la sœur du mort, lui dit:
«Mais, Seigneur, il sent déjà; voilà quatre jours qu'il est là.»
On enleva la pierre.
Alors Jésus leva les yeux au ciel et dit:
«Père, je te rends grâce parce que tu m'as exaucé.
Je savais bien, moi, que tu m'exauces toujours,
mais si j'ai parlé, c'est pour cette foule qui est autour de moi,
afin qu'ils croient que tu m'as envoyé.»

Moment de silence.

Voyons maintenant comment Jésus se comporte lors de la multiplication des pains.

Matthieu 14, 17-19

Les disciples disent à Jésus:
«Ici, nous n'avons que cinq pains et deux poissons!»

Alors, Jésus leur dit: «Apportez-les-moi ici!»
Puis il donne l'ordre à tout le monde de s'étendre sur l'herbe.
Il prend les cinq pains et les deux poissons,
il lève le regard vers le ciel,
il prononce la bénédiction et rompt le pain.
Ensuite il donne le pain aux disciples
et les disciples le donnent à la foule.
Il prononce la bénédiction, écrit saint Matthieu. Il s'agit d'une prière qui loue le Père et lui rend grâce pour ce qui va survenir.

Jésus rendra grâce à son Père, de manière semblable, le soir de la Cène.

Marc 14, 17.22-23

Le soir venu, Jésus arrive avec les Douze
[là où on a fait les préparatifs pour manger la Pâque].
Pendant qu'ils mangent,
Jésus prend du pain,
prononce une bénédiction et le rompt.
Puis il le leur donne en disant:
«Prenez, ceci est mon corps.»
Il prend ensuite la coupe,
il rend grâces,
il la leur donne et ils en boivent tous.
Puis il leur dit:
«Ceci est mon sang, le sang de l'alliance,
qui est versé pour une multitude.»

Moment de silence.

Souvent, Jésus bénissait donc son Père, il lui rendait grâce et le louait. Très souvent également, il lui adressait des demandes. Plusieurs passages des évangiles en témoignent. Nous allons en entendre quelques-uns. Ils sont extraits du long entretien que Jésus eut avec ses disciples après la Cène et au moment de son agonie.

Textes à lire lentement, sur fond musical, en gardant un bon temps d'arrêt entre chacun.

JEAN 17, 1.4

Père, l'heure est arrivée:
glorifie ton Fils, pour que le Fils te glorifie!
Père, glorifie-moi auprès de toi,
donne-moi cette gloire que j'avais auprès de toi
dès avant que le monde existe.

JEAN 17, 11.20-21

Père saint, garde mes disciples dans la fidélité à ton nom
que tu m'as donné en partage,
pour qu'ils soient un comme nous.
Je ne te prie pas seulement pour eux
mais pour ceux qui croiront en moi grâce à leur parole.
Qu'ils soient tous Un,
comme toi, Père, tu es en moi et moi en toi.
Qu'ils soient eux aussi en nous,
pour que le monde croie que tu m'as envoyé.

JEAN 12, 27-28

Père, épargne-moi cette épreuve!
Mais je suis venu précisément pour connaître cette heure.
Père, glorifie ton Nom!

MATTHIEU 26, 39

Mon Père,
si c'est possible, que cette coupe s'éloigne de moi.
Cependant, non pas comme je veux,
mais comme tu veux.

LUC 23, 34

Père, pardonne-leur,
car ils ne savent ce qu'ils font.

LUC 23, 46

Père,
entre tes mains je remets mon esprit.

Long moment de silence.

6. Intercession

Faisons nôtre la prière de Jésus, en reprenant à notre compte ses propres paroles, que je vous invite à réciter après moi.

— Père, épargne-nous l'épreuve! — **Père, épargne-nous...**

— Cependant, que tout se passe — **Cependant, ...**

— non pas comme nous voulons — **Non pas...**

— mais comme tu veux. — **Mais comme tu veux.**

Bref moment de silence.

— Père, pardonne à ceux qui nous ont offensés. — **Père, pardonne...**

— Ils ne savent pas le mal qu'ils nous font. — **Ils ne savent pas...**

— Père, entre tes mains je remets mon esprit. — **Père, entre tes mains...**

— Père, entre tes mains je remets mon avenir. — **Père...**

— Père, entre tes mains je remets toute ma vie. — **Père...**

Si possible, on viendra placer une croix dans le chœur et on invitera les membres de l'assemblée à s'agenouiller devant elle.

Après quelques moments de silence, on jouera ou fera entendre une pièce musicale.

Puis, invitation à s'asseoir.

III. Deuxième partie: Prier à la suite de Jésus

7. *Introduction à la lecture*

Jésus, qui a personnellement beaucoup prié son Père, a invité ses disciples à l'imiter. À ce sujet, il leur a donné quelques conseils. En voici quelques-uns.

8. *Lecture*

MATTHIEU 6, 5-8

Quand vous priez, n'imitez pas ceux qui jouent la comédie.
Ils aiment se planter en prière dans les synagogues,
ou au coin des rues,
pour que les gens les remarquent.
En vérité, je vous le dis, ils ont déjà leur récompense.
Toi, au contraire, quand tu veux prier,
entre dans ta chambre et ferme la porte
afin de prier ton Père qui est là dans cet endroit secret;
et ton Père qui voit dans le secret te le rendra.
Quand vous priez,
pas de discours interminables comme en font les païens:
ils croient qu'à force de parler ils seront entendus.
Ne leur ressemblez pas.
Pensez-y:
avant même que vous ne demandiez,
votre Père sait de quoi vous avez besoin.

9. *Réflexions*

a) Si la prière ne vient pas du cœur, elle est vide et vaine. En tant que tels, nos mots n'intéressent pas Dieu. Jamais ils ne l'épatent. Ce qui ne les rend pas inutiles. Les mots de la prière rendent un excellent service quand ils sont l'authentique expression de notre être. Ils nous aident alors à exprimer à Dieu ce que nous voulons lui dire et à chanter pour lui. Si les mots étaient totalement inutiles, Jésus n'aurait pas enseigné le Notre Père à ses disciples.

b) Dieu le Père voit dans le secret des cœurs. C'est pourquoi il accueille la prière du publicain et détourne le regard en entendant celle du pharisien. La vraie prière doit jaillir du cœur. D'un cœur pur et sincère naît une prière qui plaît à Dieu.

c) Concernant l'importance de prier avec son cœur, saint Augustin a écrit ceci:

Entrer dans sa chambre, c'est entrer dans son cœur. Heureux ceux qui connaissent la joie quand ils entrent dans leur cœur parce qu'ils n'y trouvent rien de mauvais. [...] Si tu veux pouvoir revenir sans appréhension dans ton cœur, purifie-le. La pureté, c'est le bonheur, car elle fait voir Dieu. Chasse-moi au-dehors ces désirs sordides, cette avarice, ces superstitions misérables, ces blasphèmes, ces mauvaises pensées; mets dehors ces mauvais sentiments à l'égard de tes amis, à l'égard tout aussi bien de tes ennemis. Dehors tout cela. Puis entre dans ton cœur et tu y trouveras la joie. Quand tu auras commencé à t'y plaire, quand la pureté même de ton cœur te sera devenue délicieuse, elle t'engagera naturellement à prier; de même que quand tu trouves un lieu bien silencieux, bien calme, bien net: «Prions ici» penses-tu tout de suite; tu es sensible à l'ordre qui t'entoure et tu crois que, en ce lieu, Dieu pourrait t'entendre. Si la netteté d'un cadre matériel est pour toi source de plaisir, comment l'impureté de ton cœur pourrait-elle ne pas te déplaire? Entre donc, nettoie tout cela, lève les yeux vers Dieu et aussitôt il t'exaucera.

Commentaire du Psaume 33, dans Saint Augustin, *Prier Dieu les psaumes,* Paris, Cerf (Traditions chrétiennes, 7), 1964, p. 99.

Temps de réflexion personnelle.

10. Lectures

Au sujet de la prière, Jésus a donné d'autres conseils. Ceux-ci, par exemple.

Matthieu 18, 19-20

Je vous dis que si deux d'entre vous se mettent d'accord sur terre
pour demander quoi que ce soit,
mon Père dans les cieux fera qu'ils l'obtiennent.
Car dès que deux ou trois sont réunis en mon nom,
je suis là au milieu d'eux.

Matthieu 7, 7-11

Demandez et l'on vous donnera,
cherchez et vous trouverez,
frappez à la porte et l'on vous ouvrira;
car quiconque demande reçoit,
celui qui cherche trouve,
et l'on ouvre à celui qui frappe.
Si votre fils vous demande du pain, lui donnerez-vous une pierre?
Et s'il demande du poisson, lui donnerez-vous un serpent?
Mauvais comme vous êtes,
vous savez donner de bonnes choses à vos enfants:
combien plus alors votre Père qui est dans les cieux
donnera-t-il de bonnes choses à ceux qui le prient.

11. Réflexions

a) Il y a deux types de prière: la prière personnelle et la prière communautaire. Les deux sont nécessaires. Les deux se confortent mutuellement. Par tempérament ou par éducation, on peut être attiré par un type de prière plutôt que par l'autre, mais nous aurions tort d'en privilégier un au détriment de l'autre.

b) La prière personnelle est indispensable, parce que nous sommes uniques devant Dieu. La prière communautaire est indispensable elle aussi, parce que, devant Dieu, nous sommes un seul corps. Nous devons donc prier en tant qu'individu et en tant que membres du corps du Christ.

c) La prière communautaire a une efficacité que n'a pas la prière personnelle. C'est parce qu'elle est la prière de l'Église entière. Objectivement, la prière la plus efficace est la prière officielle de l'Église, la prière liturgique. Ce qui lui donne une efficacité particulière, c'est qu'elle est prière du Christ et de l'Église, prière du corps tout entier.

Moment de réflexion personnelle.

d) Jésus invite à persévérer dans la prière. Il ne s'agit pas d'ennuyer Dieu, mais de se comporter envers lui comme des enfants. L'enfant s'adresse volontiers plusieurs fois à son père ou à sa mère pour obtenir ce qu'il désire.

e) Dieu répond toujours à nos prières. Non pas en nous donnant nécessairement ce que nous demandons, mais en nous communiquant ce qu'il juge bon pour nous.

f) La persévérance dans la prière a pour but de nous conduire à ne plus demander que ce qui nous est vraiment nécessaire. Ce qui nous est vraiment nécessaire, c'est que l'Esprit habite en nous, c'est que notre union au Christ soit profonde, c'est que nos liens avec Dieu notre Père soient fermes.

g) Concernant les demandes que nous pouvons adresser à Dieu, saint Augustin a écrit ceci:

Pour les affaires de ce monde, nous vous avertissons, frères, nous vous exhortons dans le Seigneur de ne rien demander d'arrêté, mais ce que Dieu sait vous être utile. Ce qui vous est utile, vous l'ignorez complètement. Parfois ce que vous croyez vous être bon vous nuit et ce que vous croyez nuisible vous sert. Vous êtes des malades; n'allez pas dicter à votre médecin le choix des remèdes qu'il voudra vous imposer. Si l'apôtre Paul, le docteur des païens, a dit: «Nous ne savons que demander pour prier comme il faut» (Rm 8, 26), combien plus l'ignorons-nous. Lui-même, sans doute, croyait bien faire en demandant à Dieu d'être délivré de cet aiguillon de chair, de cet ange de Satan qui le souffletait — c'était pour qu'il ne s'enorgueillît pas de la grandeur de ses révélations —; quelle fut pourtant la réponse du Seigneur? Paul a-t-il obtenu ce qu'il désirait? Non, mais ce qui lui était utile. Quelle fut donc la réponse du Seigneur? «Trois fois, dit-il, j'ai demandé au Seigneur qu'il l'écartât de moi et il m'a dit: Ma grâce te suffit, car ma puissance se déploie dans la faiblesse» (2 Co 12, 8-9). J'ai mis un pansement sur ta blessure; je sais quand je l'ai mis; je sais quand il faudra le retirer. Que le malade ne s'échappe pas des mains du médecin, qu'il ne donne pas de conseils au médecin.

Commentaire du Psaume 53, dans Saint Augustin, *Prier Dieu les psaumes,* Paris, Cerf (Traditions chrétiennes, 7), 1964, p. 160.

Pièce musicale.
Invitation à se lever.

12. Intercession

De nous-mêmes, nous ne savons pas prier, nous ne savons pas vraiment quoi demander à Dieu, disait l'apôtre Paul. Prions donc pour que Dieu notre Père nous apprenne lui-même à le prier.

— **Seigneur, nous te prions** (MNA 24.23; CFC p. 272)

— **Exauce-nous, Seigneur** (MNA 24.24)

— Seigneur, apprends-nous à te prier.

— Seigneur, apprends-nous à te prier comme le Christ t'a prié.

— Seigneur, apprends-nous à te prier dans le secret de notre chambre et dans le secret de notre cœur.

— Seigneur, apprends-nous à te prier avec tous les membres de l'Église.

— Seigneur, apprends-nous à te prier en toute circonstance.

— Seigneur, apprends-nous à te prier pour que tu vives en nous.

— Seigneur, apprends-nous à te prier pour que ta volonté se fasse en nous et partout dans le monde.

— Seigneur, apprends-nous à ne jamais cesser de te prier.

Postlude qui conduit au chant final.

13. Chant

Au terme de notre célébration, prions Dieu comme l'ont fait tant de croyants avant nous. En chantant (récitant) le psaume 85, pensons à tous ceux et celles qui ont espéré le Christ. Pensons aussi à tous les disciples qui ont cru en lui. Soyons unis à ceux et celles qui, aujourd'hui, par toute la terre, n'hésitent pas à se déclarer chrétiens et chrétiennes. Demandons à Dieu, notre Père, de nous prendre en grâce et de nous bénir.

— **Que Dieu nous prenne en grâce et nous bénisse!** (MNA p. 40)

— **Si pauvre et si petit** (ALPEC *Ton chant, notre fête!* 9.31)

PSAUME 85 (*récité ou psalmodié*)

Écoute, Seigneur, réponds-moi,
car je suis pauvre et malheureux.
Veille sur moi qui suis fidèle, ô mon Dieu,
sauve ton serviteur qui s'appuie sur toi.

Prends pitié de moi, Seigneur,
toi que j'appelle chaque jour.
Seigneur, réjouis ton serviteur:
vers toi, j'élève mon âme!

Montre-moi ton chemin, Seigneur,
que je marche suivant ta vérité;
unifie mon cœur pour qu'il craigne ton nom.

Je te rends grâce de tout mon cœur, Seigneur mon Dieu,
toujours je rendrai gloire à ton nom;
il est grand, ton amour pour moi:
tu m'as tiré de l'abîme des morts.

Regarde vers moi,
prends pitié de moi.
Donne à ton serviteur ta force,
et sauve le fils de ta servante.

IV. Conclusion

14. Prière de conclusion

Dieu, qui es Père,
entends nos prières
et exauce-les
pour la gloire de ton Nom
et pour que vienne ton règne.
Nous te le demandons par Jésus,
notre intercesseur auprès de toi,
pour les siècles des siècles.

15. Bénédiction

En traçant un signe de croix sur soi ou sur l'assemblée.

Que Dieu nous [vous] bénisse,

le Père de qui vient toute grâce — *Amen* (*chanté*)

le Fils qui est le chemin qui conduit au Père — *Amen*

et l'Esprit Saint sans qui nous ne savons pas comment prier le Père. — *Amen.*

Bénissons le Seigneur. — *Nous rendons grâce à Dieu.*
(MNA 71.13)

Faire la volonté du Père

I. Ouverture

1. Chant d'ouverture

PEUPLE D'ALLIANCE (G 244; MNA 33.59)

Couplets 1, 2, 3

OU

Ô PÈRE (ALPEC 3 Carême)

2. Salutation

Que le Dieu de Jésus, le Christ — Dieu de bonté et Dieu de l'Alliance —, soit avec vous. — *Et avec votre esprit.*

OU

Soliste: **Béni soit Dieu, maintenant et toujours!** (BL 76)

Assemblée: **Béni soit Dieu...**

Que le Dieu de Jésus, unique sauveur du monde, nous donne la grâce et la paix.

Assemblée: **Béni soit Dieu, maintenant et toujours!**

3. *Introduction à la célébration*

Si nous sommes présentement ensemble, ce n'est pas uniquement parce que nous avons personnellement décidé de venir consacrer quelque temps à la prière, c'est aussi, c'est même surtout parce que Dieu lui-même nous a mystérieusement invités à la prière. L'Évangile nous le dit: Sans l'Esprit de Dieu qui agit en nous, nous ne pouvons même pas prononcer le mot Abba! Père! Sans l'Esprit, nous ne pouvons pas non plus nous réunir pour prier.

Que Dieu soit donc remercié de nous avoir réunis et qu'il dispose lui-même nos cœurs à nous tenir devant lui pour le glorifier et pour implorer ses bienfaits.

Moment de silence.

4. *Prière d'ouverture*

Dieu de Jésus,
Dieu de bonté, Dieu de l'Alliance,
tourne vers nous ton regard
et vois notre désir de nous approcher de toi
pour mieux nous mettre à ton écoute.
Nous le savons et nous le croyons:
ta Parole est lumière et elle est vie;
ouvre tout notre être à sa proclamation
et mets en nous l'Esprit qui nous la fera comprendre.
Ta Parole est force et elle est réconfort;
fais qu'elle pénètre profondément en nous
fais qu'elle nous guide
et nous soutienne à toute heure du jour.
Nous te le demandons par Jésus,
qui vit auprès de toi, pour les siècles des siècles.

Geste qui invite à s'asseoir.
Musique méditative.

II. Première partie: Le Dieu de l'Alliance

5. Introduction à la lecture

Le Dieu que nous sommes venus prier et célébrer est un Père. Il fut le Père du peuple qu'il s'était choisi avant la venue de Jésus. Il est le Père de l'humanité. Il est le Père de Jésus, le Christ, et il est aussi notre Père.

Un père aime rester près de ses enfants. Il aime partager leurs joies, leurs peines, leurs efforts, leurs espérances. Il aime les voir vivre. Il aime mêler sa propre vie à la leur.

L'Écriture nous dit comment Dieu s'y est pris, autrefois, pour se lier profondément à son peuple et demeurer avec lui. Il a décidé de conclure une alliance avec son peuple. L'événement est raconté dans le livre de l'Exode. Écoutons-le.

6. Lecture

EXODE 24, 1-8

Yahvé dit à Moïse:
«Montez vers Yahvé,
toi, Aaron, Nadab, Abihu et soixante-dix des anciens d'Israël,
et vous vous prosternerez à distance.
Moïse s'approchera seul de Yahvé.
Eux n'approcheront pas
et le peuple ne montera pas avec lui.»

Moïse vint rapporter au peuple toutes les paroles de Yahvé
et toutes les lois,
et tout le peuple répondit d'une seule voix; ils dirent:
«Toutes les paroles que Yahvé a prononcées,
nous les mettrons en pratique.»

Moïse mit par écrit toutes les paroles de Yahvé
puis, se levant de bon matin,
il bâtit un autel au bas de la montagne,

et douze stèles pour les douze tribus d'Israël.
Puis il envoya de jeunes Israélites offrir des holocaustes
et immoler à Yahvé de jeunes taureaux en sacrifice de communion.
Moïse prit la moitié du sang et la mit dans des bassins,
et l'autre moitié du sang, il la répandit sur l'autel.
Il prit le livre de l'Alliance
et il en fit la lecture au peuple qui déclara:
«Tout ce que Yahvé a dit, nous le ferons et nous y obéirons.»
Moïse, ayant pris le sang, le répandit sur le peuple et dit:
«Ceci est le sang de l'Alliance
que Yahvé a conclue avec vous moyennant toutes ces clauses.»

7. *Réflexions*

a) L'initiative de l'Alliance n'est pas humaine, mais divine. Dieu vient vers les siens avant que les siens ne viennent à lui. L'Alliance est une heureuse idée de Dieu. Elle a été possible parce que Dieu est Père. Un Père tient à son enfant, il le cherche, le veut près de lui. Si Dieu n'était que le créateur du ciel et de la terre, ce serait autre chose. Mais il est Père. Il tient aux siens, à son peuple. Il tient à chacun et chacune d'entre nous.

b) La première étape de l'Alliance se réalise dans un face à face entre Dieu et Moïse. Il s'agit de l'Alliance ancienne, conclue avant la venue du Christ. Il en sera de même quand la nouvelle Alliance se conclura entre Dieu et le peuple nouveau. Dieu convoquera alors son Fils à monter sur la croix.

c) L'Alliance implique le geste de Dieu qui vient vers les siens, et le geste des siens qui, par l'intermédiaire de Moïse, s'efforcent de s'élever jusqu'à lui. Le même mystère se réalise lorsque le Christ établit l'Alliance nouvelle. Sur la croix, par l'intermédiaire du Christ, Dieu se penche vers nous, s'abaisse jusqu'à nous; puis, toujours par l'intermédiaire du Christ, nous sommes conduits jusqu'à Dieu, élevés jusqu'à lui.

d) L'Alliance est un contrat établi entre deux partenaires: deux partenaires totalement libres. Liberté totale du Dieu qui propose l'Alliance; liberté totale du peuple qui y adhère. Dieu ne veut pas d'esclaves à son service; il ne saurait qu'en faire, lui qui est le Dieu de toute liberté.

   Quand viendra l'heure, pour Jésus, d'établir l'Alliance nouvelle, il le fera librement. «Ma vie, dira-t-il, personne ne me la prend; c'est de moi-même que je la donne, c'est librement que je me livre.» (Jn 10, 18)

e) De la part de Dieu, de même que de la part du peuple, l'engagement pris en toute liberté est un engagement responsable. Les clauses de l'Alliance sont lues, puis méditées, puis finalement accueillies. «Toutes ces paroles que le Seigneur a dites, nous les mettrons en pratique.» Dieu se rend responsable de ce qu'il promet; le peuple, responsable de ce à quoi il adhère.

f) Débute alors une aventure qui ira très loin. Pour le Christ, elle ira jusqu'à la croix. L'Alliance qui, dès le départ, avait été scellée dans le sang versé — le sang de jeunes taureaux — devait, à son point d'arrivée, être de nouveau scellée dans le sang, celui d'un agneau, qui était le Fils de Dieu lui-même.

   Ne sont vraiment membres du peuple de l'Alliance que ceux et celles qui, librement, consentent à ajuster leur vie à la volonté de Dieu leur Père.

Temps de réflexion personnelle.

8. Prière de bénédiction

Pour les deux alliances: pour l'ancienne et pour la nouvelle, adressons à Dieu nos remerciements. Bénissons-le!

Geste qui invite à se lever.

— **Béni sois-tu, Seigneur!** (MNA 61.29; CFC p. 197)

— Pour la première Alliance, révélation de ton amour et de ta volonté de tout sauver, Seigneur, nous te bénissons.

— Pour l'Alliance ancienne, mille fois brisée et mille fois rétablie à cause de ta fidélité, nous te bénissons.

— Pour l'Alliance annoncée au haut du Sinaï, pour cette Alliance gardée en mémoire et transmise de père en fils durant des siècles, Dieu notre Père, nous te bénissons.

— Pour cette Alliance qui permit à ton peuple de continuer à marcher quand il était dans les ténèbres, et qui lui permit d'espérer quand tout semblait perdu, Seigneur, nous te bénissons.

Bref temps de silence.

— Pour l'autre Alliance — la seconde, la nouvelle —, pour cette Alliance dont le Christ fut à la fois le héros et la victime, Seigneur du ciel et de la terre, nous te bénissons.

— Pour l'Alliance qui est la dernière parce qu'elle est parfaite et parce qu'elle baigne dans le sang de celui qui s'est librement donné jusqu'au bout, Dieu notre Père, nous te bénissons.

— Pour l'Alliance nouvelle qui se maintient malgré nos reniements et nos errances, malgré nos torpeurs et nos révoltes, Dieu, nous te bénissons.

— Pour l'Alliance nouvelle, donnée à un peuple nouveau que l'Esprit attire vers toi, Seigneur, nous te bénissons.

— Pour l'Eucharistie, sacrement de l'Alliance nouvelle et éternelle, Père de Jésus Christ, nous te remercions et nous te bénissons.

Oui, que soit béni le Père,
que soit béni le Fils
et que soit béni l'Esprit.
Ils ont fait de nous des membres du peuple nouveau,

chargés d'annoncer au monde qu'il est aimé de Dieu
jusqu'à la fin des jours.
À eux toute gloire et toute louange,
pour les siècles des siècles.

— *Amen* (*chanté trois fois*).

À eux, toute bénédiction et toute action de grâce,
pour les siècles des siècles.
Ils ont fait de nous le peuple de l'Alliance.

— *Amen* (*chanté trois fois*).

9. Chant

Peuple d'alliance (G 244; MNA 33.59)

Couplets 3, 4, 5

Geste qui invite à s'asseoir.

III. Deuxième partie: L'Alliance et la croix

10. Introduction à la lecture

Il y eut donc l'Alliance première, puis il y eut la seconde. La première n'était pas sans valeur, mais elle était loin d'être parfaite. La seconde fut parfaite et, parce qu'elle fut parfaite, elle fut la dernière. Il n'y en aura jamais d'autre. Que peut-il y avoir au-delà de la perfection? L'auteur de l'épître aux Hébreux a bien expliqué pourquoi l'Alliance nouvelle est parfaite, pourquoi elle est la dernière et pourquoi elle est éternelle. Écoutons-le.

11. Lecture

Hébreux 7, 23-28

Dans l'ancienne Alliance,
un grand nombre de prêtres se sont succédé

parce que la mort les empêchait de durer toujours.
Jésus, lui, puisqu'il demeure éternellement,
possède le sacerdoce qui ne passe pas.
C'est pourquoi il est en mesure de sauver d'une manière définitive
ceux qui s'avancent vers Dieu grâce à lui,
car il vit pour toujours, afin d'intercéder en leur faveur.

C'était bien le grand prêtre qu'il nous fallait:
saint, sans tache, sans aucune faute;
séparé maintenant des pécheurs,
il est désormais plus haut que les cieux.
Il n'a pas besoin, comme les autres grands prêtres,
d'offrir chaque jour des sacrifices,
d'abord pour ses péchés personnels, puis pour ceux du peuple;
cela, il l'a fait une fois pour toutes en s'offrant lui-même.
Dans la loi de Moïse,
ce sont des hommes remplis de faiblesse
qui sont désignés comme grands prêtres.
Mais plus tard, quand Dieu s'engage par serment,
il désigne son Fils qu'il a pour toujours mené à sa perfection.

Temps de réflexion personnelle.
Soutien musical.

12. *Écho à la lecture*

a) C'est sans grande émotion que nous venons d'entendre parler du Christ qui s'est offert lui-même jusque dans la mort. Nous savons pourtant que cette remise de soi jusque sur la croix ne s'est pas réalisée sans angoisse, sans souffrance, sans désarroi et sans peur.

b) Il est parfois dramatique et crucifiant de consentir à l'Alliance, de consentir à la volonté du Père. Ce fut le cas pour Jésus. Les évangiles le disent sans détour.

13. Lecture

MATTHIEU 26, 36-44

Jésus arrive avec ses disciples à une propriété appelée Gethsémani
et il leur dit;
«Asseyez-vous ici pendant que j'irai prier là-bas.»
Jésus prend avec lui Pierre et les deux fils de Zébédée,
et il commence à être envahi par la tristesse et l'angoisse.
Il leur dit:
«Mon âme est triste à en mourir.
Restez ici et veillez avec moi.»
Puis il s'éloigne un peu
et se prosterne face contre terre pour prier, disant:
«Mon Père, si c'est possible,
que cette coupe s'éloigne de moi.
Cependant, non pas comme je veux, mais comme tu veux.»
Jésus vient alors vers les disciples et les trouve endormis;
il dit à Pierre:
«Vous n'avez donc pas été capables de rester une heure éveillés avec moi.
Veillez et priez pour ne pas être pris dans la tentation.
Car l'esprit est généreux, mais la chair est faible.»
De nouveau, Jésus s'éloigne et il prie une deuxième fois:
«Mon Père, si cette coupe ne peut passer sans que je la boive,
que ta volonté soit faite!»
Il revient et les trouve encore endormis:
leurs yeux étaient lourds de sommeil.
Alors il les laisse,
et une troisième fois, il répète la même prière.
Lorsqu'il revient vers les disciples, il leur dit:
«C'est bien le moment de dormir et de vous reposer!
L'heure est venue,
et le Fils de l'Homme va être livré entre les mains des pécheurs.
Levez-vous, allons! Celui qui me trahit est déjà là.»

Temps d'arrêt. Brève pièce musicale.

MATTHIEU 27, 45-50

Tout le pays fut dans l'obscurité
depuis midi jusqu'au milieu de l'après-midi.
On était à la neuvième heure du jour
lorsque Jésus s'écria d'une voix forte:
«Eli, Eli, lema sabacthani?»;
ce qui veut dire:
Mon Dieu, mon Dieu, pourquoi m'as-tu abandonné?
En l'entendant,
plusieurs de ceux qui étaient présents firent cette réflexion:
«Le voici qui appelle Elie!»
L'un d'eux courut prendre une éponge,
la trempa dans du vin acidulé
et l'attacha à un roseau pour le faire boire.
Mais les autres lui disaient:
«Laisse donc, voyons si Elie vient le sauver.»
De nouveau Jésus poussa un grand cri
et il rendit l'esprit.

Temps d'arrêt. Suite de la pièce musicale.

14. Écho à la lecture

a) Il n'est pas toujours simple d'être partie prenante de l'Alliance; il n'est pas toujours simple d'en vivre. La totale fidélité à l'Alliance exige la totale fidélité à l'amour; et la totale fidélité à l'amour exige le renoncement total à ce que l'on veut afin de consentir pleinement à ce que Dieu veut. Cela, le Christ l'a fait. Et c'est à cause de cela qu'il est devenu le Christ Sauveur.

b) L'Alliance scellée dans l'amour du Christ est toujours vivante, elle est toujours offerte. L'accepte qui veut, la refuse qui veut. Accepter de vivre en alliance avec Dieu, c'est consentir à ce que sa volonté passe avant la nôtre. Facile à dire, pas facile à vivre. Le danger est là, la tentation est grande de ne pas faire mieux que les apôtres: ils s'endormirent. Mais la voix du Fils nous rejoint toujours: «Ne pourriez-vous pas veiller une heure avec moi?»

Le Fils a besoin de nous, comme son Père avait besoin de lui. Le croyons-nous? Le croyons-nous assez? Écoutons à ce sujet quelques lignes rédigées par Olivier Le Gendre.

15. Texte d'auteur

Je crois que [Dieu] a décidé d'avoir besoin de nous, et que ce ne sont pas des fariboles philosophiques. Je crois que ce n'est pas rien d'être les fils de Dieu... [...]

Je crois que Dieu nous demande, même si je n'en comprends pas l'infini mystère, de faire la même chose que lui, d'accepter le même risque de la Passion. Je crois qu'il a besoin de chacun de ses fils dans cette tâche surhumaine qu'est le salut du monde. Je crois qu'il demande à chacun de se conduire en fils, à l'image de son Fils, d'emprunter les mêmes chemins.

Je crois que le Fils nous demande, si nous le voulons bien, d'accepter d'entrer dans le même chemin de don, de corps livré, de sang versé, en mémoire de lui, parce que nous sommes avec lui enfants d'un même Père.

Le mystère est grand. Et ce n'est pas seulement le mystère que les croyants proclament à l'Eucharistie quand ils croient que le pain est devenu corps de Dieu, et qu'ils évoquent — sans souvent y songer — quand ils disent: «Il est grand le mystère de la foi!» C'est aussi le mystère du don qui se traduit en souffrance librement acceptée comme seul rempart à la souffrance imposée aux hommes du monde. Souffrance acceptée contre souffrance imposée. Don volontaire contre hasard malfaisant. Cri de Dieu et cris des fils de Dieu acceptés contre cris des hommes livrés à l'absurdité.

Il y a de quoi perdre pied quand on entre dans ce mystère. Comme une suffocation de l'esprit, la tentation de ne pas vouloir aller plus loin. Comme un refus de tout l'instinct, le désir de tout oublier. On préférerait presque finalement le mal hasardeux plutôt que l'acceptation donnée et voulue de ce mystère de Passion.

Il y a de quoi vaciller et fuir vers des terres d'oubli. Il y a des moments où l'on ne comprend plus rien de ce qu'est ce Dieu qui agit ainsi. Il y a des moments de gouffre, et du fond de cette angoisse, de ce refus, du bout de l'oubli qui n'est jamais total, il ne reste plus qu'une seule prière, qui est celle des fils à leur Père: «Entre tes mains, je remets mon esprit.»

Olivier Le Gendre, *Le Cri de Dieu,* Anne Sigier, 1996, pp. 127-128.

Temps de réflexion personnelle.

16. Prière présidentielle

Pour que ta volonté devienne la nôtre,
Père, mets en nous ton Esprit.
Qu'il vienne au secours de notre faiblesse,
qu'il nous aide à vaincre nos peurs,
qu'il nous aide à dominer l'angoisse qui nous étreint
devant la souffrance.

Père, pour que ta volonté devienne la nôtre,
nous te le redemandons: mets en nous ton Esprit:
cet Esprit qui fait aimer comme le Christ,
cet Esprit qui fait risquer le tout pour le tout,
cet Esprit qui fait aimer jusqu'à la folie,
cet Esprit qui fait aimer jusqu'à la croix.

Moment de silence.

IV. Conclusion

17. Prière de conclusion

Terminons par une prière du Père de Foucauld. Il l'a composée alors qu'il était domestique chez les clarisses de Nazareth. Il l'a fait précéder d'un souhait, qui est celui-ci: «Puisse cette prière être la nôtre; et qu'elle soit non seulement celle du dernier instant, mais celle de tous les instants.»

Mon Dieu,
je m'abandonne à Toi,
fais de moi ce qu'il te plaira.
Quoi que tu fasses de moi,
je te remercie.
Je suis prêt à tout, j'accepte tout.

Pourvu que ta volonté
se fasse en moi,
en toutes tes créatures,
je ne désire rien d'autre,
mon Dieu.
Je remets mon âme
entre tes mains.
Je te la donne,
mon Dieu,
avec tout l'amour de mon cœur,
parce que je t'aime
et que ce m'est un besoin d'amour
de me donner,
de me remettre entre tes mains,
sans mesure,
avec une infinie confiance,
car tu es mon Père.

Frère Charles de Foucauld, cité dans *Écoute Seigneur ma prière*, Desclée de Brouwer, 1988, p. 189.

18. Chant

PEUPLE D'ALLIANCE (G 244; MNA 33.59)
Couplets 1, 5, 6

19. *Bénédiction*

Allons vivre l'Alliance.
Allons vivre dans l'amour.
Allons annoncer l'amour.

Que nos vies reposent entre les mains de Dieu notre Père.
Que sa volonté se fasse en nous.

En traçant sur soi le signe de la croix.

Que Dieu nous bénisse: le Père, le Fils et le Saint-Esprit.
— *Amen.*

Dire le «Notre Père»

I. Ouverture

Musique instrumentale.

1. Salutation

Au début de notre célébration, acclamons Dieu: il est le créateur du ciel et de la terre, et il est notre Père.

Soliste: **Béni soit Dieu, maintenant et toujours!** (BL 76)
Assemblée: **Béni soit Dieu...**

Béni soit Dieu le Père, il est la source de toute vie.

Assemblée: **Béni soit Dieu...**

Béni soit Dieu le Fils, il est le Messie. Un jour, tout lui sera soumis.

Assemblée: **Béni soit Dieu...**

Béni soit l'Esprit du Père et du Fils; c'est lui qui conduit les disciples du Christ à la vérité tout entière.

Assemblée: **Béni soit Dieu...**

2. Prière d'ouverture

Seigneur Dieu,
toi qui as fait le ciel et la terre,

toi qui es l'auteur de tout ce qui naît et de tout ce qui meurt,
toi qui es un Dieu de bienveillance et de miséricorde,
accueille-nous dans ta demeure,
manifeste-nous ta gloire
et rends-toi attentif à nos requêtes.
Nous te le demandons par Jésus, ton Fils,
qui nous a enseigné à nous présenter devant toi
en toute confiance
et qui vit auprès de toi, pour les siècles des siècles.

Musique instrumentale.

Pendant ce temps, un lecteur apporte le Livre, le présente à l'assemblée, puis le place sur le lutrin.

Geste qui invite à s'asseoir.

II. Première partie: «Apprends-nous à prier»

3. *Lecture*

LUC 11, 1; MATTHIEU 6, 7-15

Jésus était un jour quelque part en train de prier.
Quand il eut fini, un de ses disciples lui dit:
«Seigneur, apprends-nous à prier
comme Jean-Baptiste a fait avec ses disciples.»

Il leur dit:
«Quand vous priez,
pas de discours interminables comme en font les païens:
ils croient qu'à force de parler ils seront entendus.
Ne leur ressemblez pas.
Pensez-y:
avant même que vous ne demandiez,
votre Père sait de quoi vous avez besoin.

Vous donc priez ainsi:
Notre Père qui es dans les cieux,
que ton Nom soit sanctifié,

que ton règne vienne,
que ta volonté se fasse
sur la terre comme au ciel.
Donne-nous aujourd'hui le pain qu'il nous faut;
pardonne-nous, toi, nos dettes,
comme nous l'avons fait pour ceux qui nous doivent,
et ne nous laisse pas tomber dans la tentation
mais délivre-nous du Mauvais.»

Musique instrumentale durant laquelle les affirmations suivantes sont reprises.

Que ton Nom soit sanctifié.
Que ton règne vienne.
Que ta volonté se fasse.

4. *Réflexions*

a) «Nous ne savons pas comment et pourquoi prier, écrit saint Paul, mais l'Esprit vient au secours de notre faiblesse. Il intervient lui-même pour nous.» (Rm 8, 26-27)

b) C'est l'Esprit qui nous fait prier le *Notre Père,* cette prière que Jésus nous a enseignée. Sans l'Esprit, nous pouvons certes prononcer les mots du *Notre Père*, mais nous sommes incapables d'entrer dans l'esprit de cette prière. Nous sommes incapables de la faire nôtre, comme Jésus l'a faite sienne.

c) *Notre Père.* — Il s'agit du Père de Jésus, devenu aussi le nôtre. Ce mot Père indique une très grande familiarité. Il était prononcé par les enfants: Abba! Papa! Avec beaucoup de respect, il était fréquemment utilisé par les adultes pour désigner celui à qui ils devaient la vie. Au temps de Jésus, le mot servait aussi très souvent pour s'adresser à des personnes âgées qui étaient très respectables.

d) Notre Père *qui es aux cieux.* — Le mot père dit la familiarité qui nous est permise en nous adressant à Dieu, l'expression *«qui es aux cieux»* nous rappelle que ce Dieu familier est aussi le Dieu transcendant, le Dieu trois fois saint. Il mérite notre adoration et nos actions de grâce.

La transcendance de Dieu ne doit pas nous faire oublier sa familiarité, mais sa familiarité ne doit pas non plus nous faire oublier sa transcendance. Le Dieu à qui nous nous adressons est Père, il est notre Père, mais il habite les cieux, il est le Tout-Autre et le Tout-Puissant.

e) Le *Notre Père* n'est pas une prière quelconque. Il est la prière que Jésus a pris soin de nous enseigner. Au sujet du *Notre Père*, saint Augustin a écrit ceci:

> Quelles que soient les paroles que notre cœur dans sa prière élabore pour s'exprimer lui-même ou auxquelles il prête attention pour s'enflammer lui-même, nous ne disons finalement rien d'autre que ce qui se trouve dans la prière du Seigneur, si du moins nous prions comme il est requis et comme il convient... Il est permis d'employer d'autres mots pour dire en substance les mêmes choses, il n'est pas permis de dire d'autres choses.
>
> *Epist.* 130, 22, Lettre à Proba, P.L. 33, 493 ss.

f) Dans un document très ancien, qui s'appelle la *Didachè* (Doctrine des douze Apôtres) et qui fut rédigé au Ier siècle, on demande aux chrétiens et aux chrétiennes de réciter le *Notre Père* trois fois le jour. On comprend! Il s'agit de la prière-type, du modèle de toute prière chrétienne.

Moment de réflexion personnelle.

III. Deuxième partie: Les trois premières demandes

5. Chant

Notre Père (Daniel Lachance — ALPEC 1 Notre Père)

Soliste, puis assemblée:

Notre Père qui es aux cieux! Notre Père.

Soliste: Que ton nom soit sanctifié! Que ton règne vienne.

Assemblée: **Notre Père...**

Soliste: Que ta volonté soit faite sur la terre comme au ciel!

Assemblée: **Notre Père...**

6. *Réflexions*

a) *Que ton nom soit sanctifié!*

Ton nom, c'est-à-dire ton être, ta personne. Que ton nom, que ton être soit reconnu pour ce qu'il est. Que toi, Dieu, tu sois reconnu pour ce que tu es. Tu es Dieu, tu es «le saint», le saint par excellence. Tu n'es rien d'autre que sainteté.

Racontant une de ses visions, Isaïe nous dit que des séraphins se tenaient au-dessus du trône de Dieu en se criant l'un à l'autre: «Saint! Saint! Saint, le Seigneur, Dieu de l'univers. Toute la terre est remplie de sa gloire.» (Is 6, 2-3)

b) Dieu se charge lui-même de se faire connaître et de sanctifier ainsi son nom. Il le fait par la présence de son Fils dans le monde; il le fait par la présence de l'Esprit. Mais il compte aussi sur nous.

Baptisés, nous sommes chargés de proclamer l'existence de Dieu et sa sainteté; et nous sommes habilités à le faire.

Le nom de Dieu est particulièrement sanctifié quand nous vivons comme des saints, c'est-à-dire comme d'authentiques disciples du Christ. «Soyez saints, car moi je suis saint», dit Dieu dans le Lévitique (11, 14). Jésus dira: «Soyez parfaits, comme votre Père céleste est parfait.» (Mt 5, 48) Tous nos efforts accomplis pour devenir des saints contribuent à la sanctification du nom de Dieu.

c) Le nom de Dieu sera pleinement sanctifié quand viendra la fin des temps, mais nous vivons déjà quelque chose de demain.

Moment de silence.
Reprise du chant.

Soliste, puis assemblée:

Notre Père qui es aux cieux! Notre Père.

Soliste: Que ton nom soit sanctifié! Que ton règne vienne.

Assemblée: **Notre Père...**

a) *Que ton règne vienne!*

Ce que nous demandons ici est déjà en voie de réalisation. Jésus le dit: «Si c'est par l'Esprit de Dieu que moi j'expulse les démons, c'est donc que le Règne de Dieu est survenu pour vous.» (Mt 12, 28)

Le Règne de Dieu est présent quand la volonté de Dieu s'exerce sur terre et dans les cieux. Quand des aveugles voient, quand des malades sont guéris, quand des boiteux se mettent à danser, quand des pardons sont accordés, quand justice est faite, quand la paix s'instaure, quand les pauvres sont enrichis et les orgueilleux mis à terre, quand la Bonne Nouvelle de l'Évangile se répand, c'est alors le Règne de Dieu qui vient.

b) Tout comme il nous appartient de travailler à la sanctification du nom de Dieu, il nous incombe de travailler à la venue de son Règne. Dieu veut nos mains, nos voix, notre intelligence et nos cœurs pour établir son Règne.

c) *Que ta volonté soit faite sur la terre comme au ciel!*

La volonté de Dieu, c'est que personne ne se perde. C'est que tous soient sauvés. C'est que justice soit faite. C'est qu'il n'y ait plus de larmes, plus de cris de douleur, plus de violence.

Dans les cieux, c'est déjà fait. C'est le bonheur. Sur terre, c'est en voie de se faire. Lentement, très lentement. Car Dieu respecte nos lenteurs et il n'empêche pas nos bourdes, nos égarements, qui font obstacle à la réalisation de sa volonté, c'est-à-dire de son plan de salut.

d) Souvent, nous préférons notre volonté à celle de Dieu. Entre sa volonté et la nôtre s'instaure parfois un grand combat: combat que Jésus a vécu avant nous. Il a triomphé en consentant totalement à la volonté de son Père. «Mon Père, s'il est possible, que cette coupe passe loin de moi! Cependant, non pas comme je veux, mais comme tu veux. [...] Que ta volonté soit faite!» (Mt 26, 39.42)

Reprise du chant.

Soliste, puis assemblée:

Notre Père qui es aux cieux! Notre Père.

Soliste: Que ta volonté soit faite sur la terre comme au ciel!

Assemblée: **Notre Père...**

Moment de réflexion personnelle.
Geste qui invite à se lever.

7. *Intercession*

En composant le Notre Père, Jésus avait vraisemblablement à l'esprit une prière juive: le Kaddish, qui est une prière de bénédiction du nom de Dieu.

Unis à tous ceux et celles qui nous ont précédés dans la foi, et à ceux qui croient en un Dieu unique et saint, reprenons à notre compte cette prière, en y adhérant par l'acclamation *Amen.*

Que le Nom du Seigneur soit glorifié et sanctifié
dans ce monde qu'il a créé selon sa volonté.
Soliste, puis assemblée: **Amen.**

Que son règne vienne
bientôt et de nos jours
et du vivant de toute la maison d'Israël.
Soliste, puis assemblée: **Amen.**

Que le Nom glorieux du Tout-Puissant
soit loué à jamais.
Soliste, puis assemblée: **Amen.**

Qu'il soit béni, loué, célébré,
exalté, adoré, vénéré, glorifié,
le Nom Saint, béni soit-il,
au-dessus de toute bénédiction,
de tous cantiques, de toutes louanges
qui peuvent être exprimés en ce monde.
Soliste, puis assemblée: **Amen.**

Que les prières et les supplications
de tout Israël
soient exaucées par leur Père du ciel.
Soliste, puis assemblée: **Amen.**

Qu'une paix profonde émane du ciel
et qu'une vie pleinement heureuse
soit notre partage et celui de tout Israël.
Soliste, puis assemblée: **Amen.**

Que celui qui établit la paix dans les cieux
répande la paix sur nous et sur tout le peuple.
Soliste, puis assemblée: **Amen.**

(Cité dans *Écoute Seigneur ma prière,* Desclée de Brouwer, 1988, p. 56.)

Geste qui invite à s'asseoir.
Musique instrumentale.

IV. Troisième partie: Les quatre dernières demandes

8. Lecture

Quand vous prierez, dites:

Notre Père qui es dans les cieux, [...]
donne-nous aujourd'hui le pain qu'il nous faut;
pardonne-nous, toi, nos dettes,

comme nous l'avons fait pour ceux qui nous doivent,
et ne nous laisse pas tomber dans la tentation
mais délivre-nous du Mauvais.

9. *Réflexions*

a) *Donne-nous aujourd'hui le pain qu'il nous faut!*

Il nous faut d'abord le pain que l'on met sur la table trois fois le jour. Pain dont des millions d'hommes, de femmes et d'enfants sont privés. Pain que Jésus n'a pas dédaigné, lui qui a multiplié les pains, lui qui a changé l'eau en vin aux noces de Cana.

b) Mais nous ne vivons pas que de ce pain-là. Il nous faut aussi l'autre pain qui est la Parole de Dieu. Il nous faut aussi cet autre pain que Jésus a appelé le pain de la vie: pain plus savoureux et plus riche que la manne, pain d'éternité, pain généreusement et gratuitement offert à chaque Eucharistie.

c) Nous ne demandons pas à Dieu un pain que nous pourrions engranger pour les semaines ou les mois à venir. Nous ne lui demandons que le pain qui nous suffit de jour en jour. C'est un acte de confiance à son égard. Il est notre Providence. Nous lui faisons donc confiance pour le lendemain.

Moment de silence.

d) *Pardonne-nous nos offenses, comme nous pardonnons aussi à ceux qui nous ont offensés.*

Nous ne demandons pas ici à Dieu de faire en sorte que la façon dont nous pardonnons à notre prochain soit celle qu'il utilise lui-même à notre égard. Une telle demande serait insensée! Nous n'avons rien à dicter à Dieu. Il pardonne comme il l'entend. Et son pardon sera toujours immensément plus large et plus généreux que le nôtre. Il reste cependant qu'il serait indécent de demander à Dieu d'être pardonnés, sans nous-mêmes nous appliquer à le faire. «Soyez miséricordieux, comme votre Père est miséricordieux», a dit Jésus (Lc 6, 36). Nous demandons donc l'aide de Dieu pour qu'il en soit ainsi. Le pardon de Dieu n'est certes pas conditionné par le nôtre, mais il est normal qu'il soit accompagné par le nôtre.

e) *Ne nous soumets pas à la tentation.*

En demandant à Abraham de lui offrir son fils Isaac, Dieu l'avait tenté, il l'avait mis à l'épreuve, sachant qu'il aurait la force de surmonter la tentation. Il en fut de même pour Jésus que Satan conduisit au désert.

En récitant le Notre Père, nous ne demandons pas à Dieu d'être délivrés de toute tentation, mais de celles que nous n'aurions probablement pas la force de supporter. Nous demandons à Dieu de veiller à ce que nous n'entrions pas dans la tentation en y consentant. Nous lui demandons de ne pas nous placer dans des situations où nous serions en grave danger de succomber au mal.

f) *Mais délivre-nous du mal.*

Délivre-nous du mal, délivre-nous du Malin. Délivre-nous de toute complicité avec ce qui te déplaît et qui va à l'encontre de ton enseignement et à l'encontre de celui du Christ. Délivre-nous de ce qui nous oppose à toi et de ce qui nous déshumanise. Délivre-nous de tout ce qui sème la mort, la haine, l'injustice, la division.

Le mal est plus fort que nous. Paul l'a bien vu quand il a écrit: «Le mal, que je voudrais ne pas faire, je le fais; et le bien, que je voudrais toujours accomplir, je ne l'accomplis pas toujours. Qui me délivrera de ce corps qui appartient à la mort?» (Rm 7, 24) Dieu seul peut nous en délivrer. Lui seul peut faire de nous des saints. C'est ce que nous lui demandons.

Moment de réflexion personnelle.

10. Intercession

Mettons-nous maintenant à genoux et implorons notre Père qui est aux cieux. Demandons-lui de ne pas succomber à la tentation, de ne pas nous embourber dans les sentiers qui éloignent de lui en conduisant au mal.

— Père, ne nous laisse pas succomber à ces tentations que nous rencontrons chaque jour:
tentation de nous enrichir, tentation de dominer les autres et de leur imposer notre volonté, tentation de nous faire servir au lieu de servir.
Nous t'en prions, délivre-nous de ces tentations.

— **Délivre-nous, Seigneur** (cf. Litanies des saints)

— Père, ne nous laisse pas succomber à la tentation de vivre loin de toi, oubliant tes appels et tes commandements, refusant de nous aimer les uns les autres, refusant de pardonner et de partager. Ne permets pas que nous appelions bien ce qui est mal et que nous refusions d'être éclairés par l'enseignement du Christ et par celui de son Église.
Nous t'en prions, délivre-nous de ces tentations.

— **Délivre-nous...**

— Père, sois près de nous et protège-nous quand le malheur frappe à notre porte, quand nous sommes malades ou quand ceux que nous aimons le sont; sois près de nous quand tous, autour de nous, vivent sans toi et se moquent de ceux et celles qui croient en toi. Ne permets pas que nous rougissions de Jésus qui est notre sauveur.
Nous t'en prions, délivre-nous de ces tentations.

— **Délivre-nous...**

— Dieu notre Père, vois notre faiblesse et vois notre désir de te rester fidèles: délivre-nous de la vanité et de l'orgueil, de toute violence et de tout mensonge; ne permets pas que nous soyons une cause de scandale pour ceux et celles avec qui nous vivons chaque jour.
Nous t'en prions, délivre-nous du mal.

— **Délivre-nous...**

Bref moment de silence.
Geste qui invite à se lever.

11. Chant

NOTRE PÈRE (*au complet*)

OU

GLOIRE À DIEU NOTRE PÈRE (L 50; MNA 61.24; CN 2 p. 170)

V. Conclusion

12. Prière de conclusion

Notre Père, qui es aux cieux,
fais-nous connaître ton Nom,
fais-nous-le aimer, fais-nous-le chanter.

Notre Père, qui es aux cieux,
garde-nous unis à toi, garde-nous unis entre nous,
fais-nous fuir le mal, fais-nous rechercher le bien,
fais-nous tendre vers ce qui est le meilleur.
Que ta volonté se fasse en nous,
qu'elle se réalise partout dans le monde.
Fais-nous aimer ta loi, fais-nous aimer l'Évangile,
aide-nous à le mettre en pratique.

Notre Père, qui es aux cieux,
fais de nous des artisans de paix
et des témoins de ton amour qui pardonne.
Rends-nous miséricordieux comme tu l'es,
doux et humble comme le fut ton Fils, sur notre terre.

Notre Père,
notre Père qui es aux cieux,
fais que vienne ton Règne,

fais que vienne le temps de la justice
et que vienne le temps où l'on s'aime comme des frères,
comme des sœurs.
Vienne le temps du partage du pain
et le temps du partage de la souffrance.
Vienne le temps de la paix que tu donnes
et vienne le temps de la joie qui nous a été promise.
Vienne Jésus, ton enfant,
vienne le Christ, le Ressuscité.

13. *Chant*

LE MONDE ANCIEN S'EN EST ALLÉ (E 135; MNA 31.55; CN 2 p. 69)

Refrain: **Maranatha!**

14. *Envoi et bénédiction*

Les ministres ordonnés peuvent proclamer les textes qui suivent en les mettant au «vous».

Allons!

Allons vivre selon ce que nous croyons.

Allons témoigner de l'Évangile et de l'existence de Dieu notre Père.

Allons travailler à la construction de son Règne et à la sanctification de son Nom.

Que Dieu nous bénisse, le Père (+), le Fils et le Saint-Esprit.
— *Amen.*

Rendre grâce au Père

I. Ouverture

1. Salutation

Au début de notre célébration, bénissons le Père: nous lui devons la vie et nous lui devons d'être ses enfants.

— **Béni sois-tu, Seigneur!** (MNA 61.29)

— **Gloire à toi dans les siècles!** (D 94; MNA 61.30)

Bénissons aussi le Fils: l'amour qu'il nous porte a fait de nous des sauvés. **R**

Bénissons l'Esprit: il reposa sur le Christ, il repose aussi sur nous. Il nous unit au Père et au Fils. **R**

OU

Que le Dieu de nos ancêtres dans la foi,
le Dieu d'Abraham, d'Isaac et de Jacob,
le Dieu qui est Père de Jésus Christ
et qui est aussi notre Père,
soit avec vous.

2. *Introduction à la célébration et au chant d'ouverture*

Il est grand, le Dieu en qui nous croyons, que nous aimons et que nous voulons célébrer. Tout au long des âges, il nous a dit son amour de mille et une manières. Cet amour qu'il nous porte et qui est éternel, il nous l'a manifesté de façon éminente quand il a envoyé son Fils auprès de nous.

Qu'il soit béni, le Seigneur, Dieu de nos pères. Qu'il soit béni et acclamé ce Dieu, qui est Père de Jésus Christ et qui est notre Père. Qu'il soit béni et célébré ce Dieu qui, tout au long des âges, a fait des merveilles. Bénissons-le, acclamons-le en accueillant la Parole qui nous révèle ses hauts faits et en chantant la grandeur de son Nom.

3. *Chant*

LE CANTIQUE DES TROIS ENFANTS (Dan 3) (A.T. 40; MNA 10.12)

Introduction musicale au cantique.

Pendant ce temps, le Livre et quelques luminaires sont apportés en procession.

Après avoir été présenté à l'assemblée, le Livre est placé sur l'ambon; les luminaires à l'endroit qui convient le mieux.

Débute alors le Cantique des trois enfants.

OU

PEUPLES, CRIEZ DE JOIE (M 27; MNA 29.56; CN 2 p.180)

SANS FIN, SEIGNEUR (P 200)

BÉNI SOIT DIEU (Cantique de Tobie — AT 5) (X 57; MNA 33.34)

4. *Prière d'ouverture*

Père de nos ancêtres et Père de Jésus, le Christ,
nous sommes ensemble pour te bénir et pour te rendre grâce.

Mets en nous l'Esprit qui nous rappelle tes prouesses
et qui tourne vers toi notre cœur.
Éclairés et nourris de ta Parole,
puissions-nous, tout au long de notre célébration,
continuer à chanter ta gloire,
en union avec tous ceux et celles qui, dans les cieux,
ne cessent de te bénir et de te louer.
Nous te le demandons, par Jésus, le Christ, notre Seigneur.

Invitation à s'asseoir.

II. Première partie: Le Christ a rendu grâce

5. *Introduction aux passages évangéliques*

Durant sa vie publique, Jésus a été un homme très actif. Les évangiles signalent qu'il lui arrivait de ne pas avoir le temps de manger et qu'il avait souvent du mal à se détacher des gens, et même des foules, qui le cherchaient (cf. Mc 6, 31; Jn 6, 24, etc.).

Cela ne l'empêchait pas de trouver du temps pour reprendre son souffle, en se mettant face à son Père, en lui parlant, en se reposant auprès de lui, en le priant.

Jésus a beaucoup prié son Père. Il l'a aussi beaucoup loué, il lui a souvent rendu grâce. Jésus était un homme d'action de grâce, il avait un esprit eucharistique. Pour lui, rendre grâce n'était pas une action à accomplir de temps à autre, c'était une dimension de son être.

Il est intéressant de considérer dans quelles circonstances Jésus a rendu grâce à son Père et l'a béni. Nous allons donc nous rappeler quatre situations, décrites dans les évangiles, où Jésus rend grâce à son Père.

La première nous montre un Jésus heureux de voir que les petits et les pauvres accueillent son enseignement. La seconde nous présente Jésus au moment de la multiplication des pains. Viendront ensuite quelques lignes qui nous diront comment Jésus s'est comporté au moment de ramener son ami Lazare à la vie. Pour finir, nous verrons que Jésus a su rendre grâce à son Père même quand, pour demeurer fidèle à sa mission, vint pour lui l'heure de donner sa vie.

6. *Textes évangéliques*

MATTHIEU 11, 25-27

En ce temps-là, Jésus prit la parole et dit:
«Je te bénis, Père, Seigneur du ciel et de la terre,
d'avoir caché cela aux sages et aux intelligents
et de l'avoir révélé aux tout-petits.
Oui, Père, car tel a été ton bon plaisir.
Tout m'a été remis par mon Père,
et nul ne connaît le Fils si ce n'est le Père,
et nul ne connaît le Père si ce n'est le Fils
et celui à qui le Fils veut bien le révéler.»

Moment de silence.

MATTHIEU 15, 32-36

Jésus dit à ses disciples:
«J'ai pitié de la foule, car voilà déjà trois jours
qu'ils restent auprès de moi
et ils n'ont pas de quoi manger.»
Les disciples lui disent:
«Où prendrons-nous, dans un désert,
assez de pains pour rassasier une telle foule?»
Jésus leur dit:
«Combien de pains avez-vous?»
— «Sept, dirent-ils, et quelques poissons.»
Alors il ordonna à la foule de s'étendre à terre;
puis il prit les sept pains et les poissons,
rendit grâces, les rompit
et il les donna à ses disciples, qui les donnaient à la foule.

Moment de silence.

Jean 11, 38-42

Jésus se rendit au tombeau.
C'était une grotte, avec une pierre placée par-dessus.
Il dit: «Enlevez la pierre!»
Marthe, la sœur du mort, lui dit:
«Seigneur, il sent déjà: c'est le quatrième jour.»
Jésus lui dit;
«Ne t'ai-je pas dit que, si tu crois,
tu verras la gloire de Dieu?»
On enleva donc la pierre.
Jésus leva les yeux en haut et dit:
«Père, je te rends grâces de m'avoir écouté.
Je savais que tu m'écoutes toujours;
mais c'est à cause de la foule qui m'entoure
que j'ai parlé,
afin qu'ils croient que tu m'as envoyé.»

Moment de silence.

Matthieu 26, 26-28

Tandis qu'ils mangeaient,
Jésus prit du pain, le bénit, le rompit
et le donna aux disciples en disant:
«Prenez, mangez, ceci est mon corps.»
Puis, prenant une coupe, il rendit grâces
et la leur donna en disant:
«Buvez-en tous;
car ceci est mon sang, le sang de l'alliance,
qui va être répandu pour une multitude en rémission des péchés.»

Moment de silence.

7. *Réflexions*

a) Jésus dit: «Je te bénis, Père, Seigneur du ciel et de la terre, d'avoir caché cela aux sages et aux intelligents et de l'avoir révélé aux tout-petits.» — Jésus prit les sept pains et les poissons, rendit grâces, les rompit et il les donna à ses disciples. — Jésus leva les yeux en haut et dit: «Père, je te rends grâces de m'avoir écouté.» — Jésus prit du pain, le bénit, le rompit et le donna aux disciples. Puis, prenant une coupe, il rendit grâces et la leur donna.

b) Quatre situations différentes, quatre situations qui conduisent Jésus à bénir son Père et à lui rendre grâce. La première situation est heureuse: Jésus se rend compte que, grâce à son Père, sa Parole est accueillie par les petits. Il en rend grâce.

La seconde situation le conduit à poser un geste particulier en faveur de personnes qui ont faim. Il sait que son Père lui viendra en aide. À l'avance, il lui en rend grâce.

Sa présence auprès de Lazare survient alors que tous ceux et celles qui l'entourent sont en pleurs. On remarquera qu'auprès du tombeau de Lazare, Jésus rend grâce à son Père alors qu'il ne lui a encore rien demandé. C'est qu'il a la certitude que son Père a deviné sa prière et y a déjà répondu favorablement.

La dernière scène est bien connue. Jésus est à table avec ses disciples. Il est conscient que c'est le dernier repas qu'il partage avec eux. Dans peu de temps, il sera pris; il aura alors à vivre sa passion et sa mort. Il aura peur, il sera dans l'angoisse, il souffrira beaucoup. Néanmoins, en prenant le pain, en prenant la coupe dans ses mains, il bénit son Père et lui rend grâce. C'est qu'il a la ferme espérance que tout ce qu'il vivra contribuera au salut du monde. Pour Jésus, même la passion, même la croix, parce qu'elles sont vécues dans l'amour et conduisent à la résurrection, sont des raisons de bénir son Père, de le glorifier et de lui rendre grâce.

c) Il n'y avait donc, pour Jésus, aucune circonstance qui puisse l'empêcher de rendre grâce à son Père. Pour lui, même le mal qu'il subissait, même la souffrance pouvaient mystérieusement concourir à la réalisation du dessein de Dieu. C'est pour ce dessein de Dieu en voie de réalisation, et qui allait réussir malgré tout, que Jésus savait rendre grâce.

Moment de réflexion personnelle.

8. Action de grâce

Tout ce que Jésus a accompli sur terre, il y a deux mille ans, est aujourd'hui pour nous motif de rendre grâce à Dieu notre Père. Rappelons-nous donc ce que Jésus a été, ce qu'il a fait, et n'hésitons pas à en rendre grâce.

Geste qui invite à se lever.

— **Nous te rendons grâce, ô notre Père! Gloire à toi dans les siècles!** (Rituel du baptême des petits enfants, Mame/Tardy 1984, p. 188)

— **Dieu Très-Haut qui fais merveille, béni soit ton Nom!** (*ibidem*)

— Pour la naissance de Jésus dans une crèche, pour sa mort sur une croix et pour sa résurrection trois jours plus tard, rendons grâce à Dieu, notre Père.

— Pour les malades qu'il a guéris, pour l'espérance qu'il a semée sur terre, pour l'image de Dieu son Père qu'il nous a révélée, rendons grâce ensemble.

— Pour sa compassion et sa douceur, pour son courage et son audace, pour son indéfectible fidélité à la volonté de son Père, jusque dans la mort, rendons grâce de tout notre cœur.

— Pour son enseignement, écho de celui du Très-Haut, pour son attention envers les petits, les pauvres et les rejetés, pour sa familiarité avec les pécheurs, rendons grâce à Dieu notre Père.

— Pour son séjour au désert durant quarante jours, pour son baptême dans le Jourdain et pour sa transfiguration au haut d'une montagne, pour ses apparitions à Marie, à Thomas et aux autres disciples, rendons grâce à notre Père et bénissons-le.

On peut inviter les membres de l'assemblée à rappeler d'autres événements de la vie de Jésus pour lesquels il convient de rendre grâce.

À la fin, geste qui invite à s'asseoir.

III. Deuxième partie: Rendre grâce en toute circonstance

9. Introduction à la lecture

Les premiers disciples n'ont pas oublié que Jésus était un homme d'action de grâce, qu'il avait un esprit eucharistique, c'est-à-dire qu'en tout temps, en tout lieu, en toute circonstance, il s'appliquait à se tourner vers son Père pour le bénir, le remercier, lui rendre gloire, le louer. On ne s'étonne donc pas de voir les évangélistes, mais surtout l'apôtre Paul, inviter ses frères et ses sœurs dans la foi à vivre chaque jour dans l'action de grâce. Écoutons quelques-unes de ses exhortations.

10. Extraits des épîtres de Paul

1 THESSALONICIENS 5, 16-18

Frères et sœurs,
restez toujours joyeux.
Priez sans cesse.
En toute condition soyez dans l'action de grâce.
C'est la volonté de Dieu sur vous dans le Christ Jésus.

Moment de silence.

COLOSSIENS 3, 16-17

Frères et sœurs,
que la Parole du Christ réside chez vous en abondance:
instruisez-vous en toute sagesse
par des admonitions réciproques.
Chantez à Dieu de tout votre cœur avec reconnaissance,
par des psaumes, des hymnes et des cantiques inspirés.

Et quoi que vous puissiez dire ou faire,
que ce soit toujours au nom du Seigneur Jésus,
rendant par lui grâces au Dieu Père!

Moment de silence.

COLOSSIENS 1, 12-14

Frères et sœurs,
rendez grâce au Père
qui vous a mis en mesure de partager le sort des saints dans la lumière.
Il nous a en effet arrachés à l'empire des ténèbres
et nous a transférés dans le Royaume de son Fils bien-aimé,
en qui nous avons la rédemption, la rémission des péchés.

11. Réflexions

a) Paul n'invite pas à rendre grâce de temps en temps, quand nous sommes heureux, quand tout va bien; il invite à rendre grâce à toute heure, en toute circonstance. Pour lui, comme pour le Christ, l'action de grâce doit être une dimension de l'existence. Être disciple du Christ, c'est être en mesure de bénir Dieu à tout instant. On sait pourquoi: nos vies reposent entre ses mains, nous sommes ses bien-aimés, le monde dans lequel nous vivons est aimé de lui. Ce monde que nous habitons et dans lequel il y a des guerres, des injustices et des cataclysmes, est un monde sauvé. Notre foi l'affirme. Nos actions de grâce reposent sur cette foi qui nous a été donnée et qui nous fait espérer qu'un jour, nous verrons s'épanouir en pleine lumière le salut de Dieu, déjà implanté dans le monde et toujours en croissance, malgré les apparences.

b) Paul demande que nos actions de grâce soient adressées au Père par le Christ Jésus. Jésus est le médiateur indispensable de toute prière et de toute action de grâce. Tout doit être accompli en lui, par lui et avec lui. Hors de lui, nos prières et nos actions de grâces sont creuses et vides; unies aux prières et aux actions de grâce du Christ, elles deviennent prières et actions de grâce qui rejoignent le cœur de Dieu.

c) C'est pourquoi les prières liturgiques sont adressées à Dieu par le Christ, dans l'Esprit Saint. C'est pourquoi aussi toutes les prières eucharistiques se terminent de la même manière: «Par lui, avec lui et en lui, à toi, Dieu le Père tout-puissant, dans l'unité du Saint-Esprit, tout honneur et toute gloire, pour les siècles des siècles.»

Nous répondons ainsi à l'invitation de Paul: c'est au nom du Seigneur Jésus, c'est en passant par lui, c'est en unissant nos actions de grâce à la sienne que nous célébrons Dieu notre Père. Nous le faisons en demeurant unis à l'Esprit, car c'est l'Esprit qui nous fait prier le Père.

d) Pour rendre grâce ainsi à Dieu, et surtout pour lui rendre grâce en toute circonstance, il est indispensable de poser sur nos vies et sur notre monde un regard de foi profonde. Sans ce regard de foi, l'action de Dieu en nous et dans le monde demeure souvent imperceptible, et il devient alors impossible de vivre dans l'action de grâce, d'avoir en tout temps une attitude eucharistique.

Dans un ouvrage sur l'eucharistie, intitulé *Plus loin que demain*, le théologien français Henri Bourgeois décrit ce qu'est l'attitude eucharistique. Voici ce qu'il dit.

12. Texte d'auteur

Vivre en attitude eucharistique, c'est [...] expérimenter d'abord que rien ne nous est dû et que tout ou presque tout nous est don. Le pain de la nourriture, le vin de la fête, la joie des frères et sœurs rassemblés au banquet de la vie, le passé qui s'en est allé et le temps qui vient: en tout cela, nous reconnaissons l'initiative de Dieu. Pas uniquement elle, bien sûr. Il y a aussi notre propre action. Il y a d'ailleurs des situations d'injustice et d'inhumanité qui ne sauraient s'accorder avec la volonté de Dieu. Mais, même dans le négatif, dans les difficultés, nous essayons de rester en contact avec le Christ du Jeudi Saint et de dire avec lui, sans naïveté, une action de grâce. Car le bien l'emporte sur le mal. Car les forces de mort ne peuvent avoir le dernier mot et recouvrir l'énergie de résurrection.

L'attitude eucharistique consiste donc à orienter le tout de notre existence selon une dominante de merci.

Cela n'a rien d'une béatitude facile. L'eucharistie ne rend pas béat d'admiration. Elle porte à croire, ce qui n'est pas la même chose. C'est-à-dire à faire ressortir le positif de notre vie, ses valeurs d'avenir, quand bien même le négatif semble dominer. Cela n'est ni méthode Coué, ni volontarisme tendu, mais confiance en l'Esprit du Ressuscité. L'attitude eucharistique exclut la fatalité. Pour elle, il n'y a pas d'impasse absolue. C'est impossible et impensable. Étant donné Dieu.

D'autre part, l'attitude eucharistique inscrit l'action de grâce en notre action. Quand nous nous levons pour le changement, et surtout en de tels moments, le remerciement adressé à Dieu trouve toute sa portée. Plus nous sommes nous-mêmes, osant refuser ce qui ne va pas et prendre les moyens de modifier les choses, plus Dieu s'atteste comme celui qui suscite en nous l'ardeur et l'imagination créatrices de son Fils. L'eucharistie n'exclut donc pas la critique, le refus, la dénonciation. Mais elle conteste la critique abstraite ou répétitive, celle qui donne bonne conscience à peu de frais, celle par laquelle on donne de soi une image trop facilement reçue. Et elle récuse également la critique qui rend amer et qui place en aigreur ce qu'elle ne peut ou ne veut risquer en audace. Le soir du Jeudi Saint, Jésus n'était ni aigre ni amer. Et ce n'est pas le vin de l'amertume qu'il nous donne à boire.

Henri Bourgeois, *Plus loin que demain*, Salvator, 1982, p. 108.

Musique instrumentale.

13. Action de grâce

Ce que Dieu a accompli dans le Christ se poursuit. L'histoire sainte progresse. De jour en jour, le dessein de Dieu sur l'humanité qu'il a créée suit son cours. Pour tout cela, pour les merveilles de Dieu accomplies en notre temps, rendons grâce à Dieu, notre Père.

Geste qui invite à se lever.

— **Nous te rendons grâce, ô notre Père! Gloire à toi dans les siècles!** (Rituel du baptême des petits enfants, Mame/Tardy 1984, p. 188)

— **Dieu Très-Haut qui fais merveille, béni soit ton Nom!** (*ibidem*)

— Pour le Christ qui se tient au milieu de nous jusqu'à la fin des temps; pour son action à travers tous ceux et celles qui sont ses disciples, rendons grâce ensemble.

— Pour tous ceux et celles qui s'approchent des malades, puis s'efforcent de les guérir, de les soulager et de les réconforter, rendons grâce à Dieu, notre Père.

— Pour l'Esprit du Ressuscité qui convertit les cœurs et les ouvre patiemment à l'intelligence de l'Écriture; pour les théologiens et les exégètes, pour tous ceux et celles qui prêchent l'Évangile du Christ dans notre monde, rendons grâce ensemble.

— Pour les hommes et les femmes qui consacrent leur vie entière à Dieu dans le silence des monastères, pour ceux et celles qui vont au loin parler du Christ et annoncer la Bonne Nouvelle du salut offert à tous, bénissons Dieu notre Père et rendons-lui grâce.

— Pour le Christ qui se fait pain rompu et sang versé pour nous, pour l'eucharistie à laquelle nous sommes convoqués chaque fois que revient le jour du Seigneur, rendons grâce tous ensemble.

— Pour les hommes et les femmes — croyants ou incroyants — qui luttent pour plus de partage et plus de justice, pour plus de solidarité et plus d'amour sur terre, rendons grâce au Père de Jésus Christ.

— Pour les communautés chrétiennes qui s'efforcent de se renouveler, pour les jeunes qui cherchent la vérité et aspirent à un monde plus juste et plus respectueux de tout être vivant, rendons grâce tous ensemble.

— Pour le Christ qui intercède en notre faveur auprès de son Père, pour le Christ qui appelle des jeunes à sa suite, rendons grâce de tout notre cœur.

— Pour les personnes qui se soutiennent dans l'épreuve, pour les parents qui s'appliquent à révéler le Christ à leurs enfants, pour tous ceux et celles qui se réconcilient, rendons grâce à Dieu notre Père.

— Pour les disciples du Christ qui s'approchent des plus pauvres des hommes et des femmes de la terre, pour ceux et celles qui risquent leur vie afin d'annoncer l'amour d'un Dieu qui est le Père de tous, rendons grâce tous ensemble.

On peut inviter les membres de l'assemblée
à présenter d'autres intentions.

IV. Conclusion

14. Prière de conclusion

Père très bon et compatissant,
Père d'Abraham, d'Isaac et de Jacob,
Père de Jésus Christ,
vois notre désir de vivre avec toi chaque jour
et d'être des artisans de la construction de ton Royaume
dans notre monde.
Tu es notre force et tu es notre joie,
tu es notre soutien et tu es notre espérance.
Loin de toi, les ténèbres nous envahissent,

avec toi, la lumière les dissipe.
Garde-nous fidèles à ton service,
fais-nous aimer ta Parole,
apprends-nous à la garder profondément en nos cœurs,
et à la faire retentir autour de nous, par toute notre vie.
Fais de nous des disciples à travers qui ton amour est révélé
et des témoins qui rendent crédible ta Parole.
Nous t'implorons par Jésus, ton enfant,
lui qui est notre frère,
et qui vit près de toi, pour les siècles des siècles.

15. Bénédiction

Frères et sœurs,
allons vivre dans l'espérance et dans la paix,
demeurons en communion avec le Père, avec le Fils
et avec l'Esprit du Père et du Fils.
Ne contristons pas l'Esprit qui est en nous,
mais laissons-nous inspirer et guider par lui.
Qu'il mette en nos cœurs le feu de la charité
qui fait aimer Dieu et le prochain,
qu'il dépose sur nos lèvres les mots qui convertissent les cœurs
et ouvrent les intelligences à la vérité de l'Évangile.
À tout instant, soyons bons, accueillants et charitables.
À toute heure et en toute circonstance,
offrons à Dieu notre Père
des hymnes, des chants et des actions de grâce.

En traçant sur soi le signe de la croix.

Que Dieu nous bénisse, le Père (+), le Fils et le Saint-Esprit.

16. Chant

Psaume 135: Éternel est son amour (MNA p. 85)

Répons: **Car éternel est son amour!**

Procession de sortie, avec le Livre et les luminaires.

Table des textes bibliques proclamés

Liste des chants, des acclamations et des invocations

Alléluia, gloire à toi, notre Père (L 116 A)

Bénis le Seigneur, ô mon âme; Seigneur mon Dieu, tu es si grand! (MNA p. 66)

Béni sois-tu, Seigneur! (MNA 61.29; LDP nos 177 et 246; CFC p. 197)

Béni sois-tu, Seigneur, Dieu de tendresse et d'amour (MNA 63.13)

Béni sois-tu, Seigneur Jésus (ALPEC 4 Refrains bibliques)

Béni soit Dieu (Cantique de Tobie — AT 5) (K 57; MNA 33.34)

Béni soit Dieu, maintenant et toujours! (BL 76)

Chantez au Seigneur un chant nouveau, alléluia, car il a fait des merveilles, alléluia! (MNA p. 63)

Dieu de tendresse, souviens-toi de nous (Y 55-6; MNA 33.33)

Dieu, nous avons vu ta gloire (F 64; MNA 82.13)

Dieu saint, Dieu fort, louange à toi (CFC p. 50)

Dieu Très-Haut qui fais merveille, béni soit ton Nom! (*Rituel du baptème des petits enfants,* Mame/Tardy 1984, p. 188)

Écoute nos prières! Seigneur, exauce-nous (MNA 24.51)

Et maintenant, ô notre Dieu (AT 4-1)

Exauce-nous, Seigneur (MNA 24.24)

Gloire à Dieu notre Père (L 50; MNA 61.24; CN 2 p. 170)

Gloire à toi, Seigneur (A 7; MNA 22.81)

Gloire à toi, dans les siècles (D 94; MNA 61.30)

Gloire à toi, Seigneur, gloire à toi! (CFC p. 62)

Gloire et louange à toi, Seigneur Jésus! (X 10-h; LF n° 392; ALPEC 1 Acclamation)

Je me lèverai (U 52)

Je suis prodigue et tu es Père (G 224)

Jésus Christ au cœur de notre histoire (T. & M.: S. Madeleine Dubé, o.p., Les Éditions du Cénacle, 1997)

Le cantique des trois enfants (Dan 3) (A.T. 40; MNA 10.12)

Le monde ancien s'en est allé (E 135; MNA 31.55; CN 2 p. 69)

Le Seigneur s'est souvenu de son alliance. Alléluia. (MNA p. 68)

Louange au Dieu vivant (l 80; MNA 82.18)

Notre Père (Daniel Lachance — ALPEC 1 Notre Père)

Nous chanterons pour toi, Seigneur (K 38; MNA 82.20; CN 1 p. 219)

Nous te rendons grâce, ô notre Père! Gloire à toi dans les siècles! (*Rituel du baptême des petits enfants*, Mame/Tardy 1984, p. 188)

Nul n'a jamais vu Dieu (L 195; MNA 46.23; CN 4 p. 226)

Ô Père (ALPEC 3 Carême)

Ô Père des siècles et du monde (P 72-3; MNA 72.13)

Ô Père, je suis ton enfant (SM 90)

Ô Seigneur, notre Dieu, qu'il est grand ton nom par tout l'univers (LF n° 161)

Pain de Dieu, pain rompu (D 284; MNA 85.178; CN 3 p. 64)

Peuple d'alliance (G 244; MNA 33.59)

Peuples, criez de joie (M 27; MNA 29.56; CN 2)

Puisqu'il est avec nous (P 79; MNA 46.24)

Psaume 31 (MNA p. 22; LDP p. 79)

Psaume 85 (MNA p. 50; LDP p. 85)

Psaume 103 (MNA p. 66; LDP p. 56)

Psaume 104

Psaume 135: Éternel est son amour (MNA p. 85)

Que Dieu nous prenne en grâce et nous bénisse! (MNA p. 40)

Rendons grâce au Seigneur qui seul fait des merveilles. Alléluia. (MNA p. 68)

Sans fin, Seigneur (P 200)

Seigneur, écoute-nous; Seigneur, exauce-nous (Y 27 n. 51 ou B 38; LF n° 723; MNA 24.31 ou 24.42)

Seigneur, nous te prions (MNA 24.23; CFC p. 272)

Si pauvre et si petit (ALPEC *Ton chant, notre fête!* 9.31)

Ta Parole, Seigneur, est vérité et ta loi délivrance! (MNA 33.21; LF n° 165)

Tu es saint (T. & M. Claude Duchesneau, extrait de la messe Tous les peuples, dans *Choristes,* mai 1986, nos 82-83, p. 18)

Tu es, Seigneur, éternellement! (LF n° 201)

Table des matières

DU MÊME AUTEUR
AUX ÉDITIONS MÉDIASPAUL

L'Esprit Saint souffle de Dieu sur le monde. Vers le IIIe millénaire. Dix célébrations, 1997, 152 pages.

Jésus Christ sauveur du monde. Vers le IIIe millénaire. Dix célébrations, 1997, 128 pages.

Paroles pour la route — Année C. Homélies dominicales (Lectures bibliques, 45), 1997, 232 pages.

Paroles pour la route — Année B. Homélies dominicales (Lectures bibliques, 44), 1996, 248 pages.

Paroles pour la route — Année A. Homélies dominicales (Lectures bibliques, 43), 1995, 232 pages.

En ta présence, 1992, 232 pages.

Découvrir l'Eucharistie (Pastorale et vie, 8), 1990, 184 pages.

Chemin de la croix, 1987, 32 pages.

Achevé d'imprimer
en mai 1998
sur les presses de
Imprimerie H.L.N.

Imprimé au Canada – Printed in Canada